语言学及应用语言学系列丛书

教育部人文社会科学重点研究基地

广东外语外贸大学外国语言学及应用语言学研究中心

全国基础教育阶段英语科监测系统的后效研究

亓鲁霞 著

外语教学与研究出版社
FOREIGN LANGUAGE TEACHING AND RESEARCH PRESS
北京 BEIJING

图书在版编目（CIP）数据

全国基础教育阶段英语科监测系统的后效研究 / 亓鲁霞著. –– 北京：外语教学与研究出版社，2018.6（2018.10 重印）
（语言学及应用语言学系列丛书）
ISBN 978-7-5213-0116-8

Ⅰ. ①全… Ⅱ. ①亓… Ⅲ. ①英语课－教学质量－监测系统－研究－中小学 Ⅳ. ①G633.412

中国版本图书馆 CIP 数据核字 (2018) 第 135795 号

出 版 人　徐建忠
责任编辑　赵东岳
责任校对　孔乃卓
封面设计　覃一彪　高 蕾
出版发行　外语教学与研究出版社
社　　址　北京市西三环北路 19 号（100089）
网　　址　http://www.fltrp.com
印　　刷　北京九州迅驰传媒文化有限公司
开　　本　650×980　1/16
印　　张　10.75
版　　次　2018 年 6 月第 1 版 2018 年 10 月第 2 次印刷
书　　号　ISBN 978-7-5213-0116-8
定　　价　42.90 元

购书咨询：(010) 88819926　电子邮箱：club@fltrp.com
外研书店：https://waiyants.tmall.com
凡印刷、装订质量问题，请联系我社印制部
联系电话：(010) 61207896　电子邮箱：zhijian@fltrp.com
凡侵权、盗版书籍线索，请联系我社法律事务部
举报电话：(010) 88817519　电子邮箱：banquan@fltrp.com
法律顾问：立方律师事务所　刘旭东律师
　　　　　中咨律师事务所　殷　斌律师
物料号：301160001

　　本书的研究得到国家社会科学基金一般项目"全国基础教育阶段英语学习质量监测系统研究"（10BYY031）的资助。

　　课题组成员包括：亓鲁霞，李子容，李金辉，武尊民，黄志红，蔡宏文，张宪，谢琴；参加研究的人员还有徐柳，张莉，袁丽娟，陈小聪，彭震，许艺，晏盛兰等。

编委会

顾问：桂诗春

主任：刘建达　董燕萍

编委会成员（按汉语拼音排序）：
　　　　陈建平　董燕萍　杜金榜　何晓炜　黄国文
　　　　李绍山　李行德　刘建达　亓鲁霞　冉永平
　　　　沈家煊　束定芳　王初明　温宾利　文秋芳
　　　　吴旭东　徐　海　曾用强　章宜华　郑立华

总 序

　　"语言学及应用语言学系列丛书"是广东外语外贸大学外国语言学及应用语言学研究中心（教育部人文社科重点研究基地）策划出版的一套丛书。

　　改革开放以来，我国迎来了科学的春天。1981年国务院学位委员会把语言学和应用语言学列入学科目录，并开始逐步在我国建立硕士和博士学位授予单位。这是学科发展的需要，也是历史的必然。从《圣经》"通天塔"故事到今天网络的蓬勃发展，都说明语言和语言交往（包括语言的习得和教学）是人类社会不可或缺的一个极为重要的元素，也预示着语言学和应用语言学的强大生命力。语言和人类生活休戚相关，往往被称为人们身边的科学。每一个人都有学习和使用语言的经验和体会：就怎样使用语言而言，凡是受过教育的人大都可以判断哪些话可以或不可以这样或那样说；就语言习得而言，每一个人都经历过大致相同的过程，最后都学会了说话。至于怎样学另一种语言，大多数人也都有一些自己怎样学习的门道，有自己的话语权，可惜的是学习的结果似乎没有母语学习那么简单和显而易见，而是有成功有失败。这里面有些什么玄机呢？Dave Willis（2003: 1–6）在他的近著里指出：作为教师，我们看到学习是以一种难以预测的方式进行的，我们**"所教的东西不一定就是[学生所] 学到的东西"**（What is taught may not be what is learnt）。而学生往往又会学到一些不是教师所教的语言现象。他曾做过一个小试验，把一个在职的师资培训班里的教师分为两组，让他们分别列出一年级学生和三年级学生最常犯的10种英语失误。事后他把失误加以比较，发现有7种竟然是完全一样的（例如不会使用冠词、第三人称动词的现在时态，不会使用do 助动词来提问，等等）。这自然引起一些关于课堂教学的严重问题：教师是否真的要用两年时间才能减少三种失误？是否三年级学生并不比一年级学生好多少？我们怎样解释这种可怕的失败？Willis所提出的这些问题发人深思，一个简单的回答是：学习者在学外语的时候面临着和母语习得很不相同的问题，包括语言学习观、学习动机、学习态度、学习方法、学习策略、注意、智力、情感、学能……等等因素。学习者的这些差异性在不同时候会在学习者的个体身上产生不同的作用。而另外一方面，我们作为实施教学的一方（从教育部门的领导者、组织者到教师等）往往以为**"所有的受教育者都是一样的"**（Skehan, 1998: 260–261），因而忽略了他们的差异性，只顾制定和使用统一的教学大纲、教材，提出统一的要求；连教师的培养都是为了"巩固这些隐含的权力关系"。

这个例子说明，应用语言学已经发展成为一门跨学科的科学，必须从语言学、心理语言学、社会语言学、神经语言学、语用学、语篇分析、教育学等角度去综合解决语言教学中所出现的种种问题。现再从语言学中的语言起源这一个特殊问题来说明其多学科性。大家都知道，巴黎语言学会曾于1886年明令拒绝接受关于语言起源的论文，因为虽然这个问题曾经不断激发许多代人的想象力、兴趣和注意，但是所有的研究都陷于无休止的、无结果的思辨性讨论。可是到了20世纪50年代以后，由于语言学家、认知科学家、脑神经学家、心理学家、分子生物学家、进化生物学家、解剖学家、人类学家、考古学家的共同协作，这个问题的研究取得了很大进展，大大地开拓了人们的视野。哈佛大学心理学家Hauser、Fitch和麻省理工学院语言哲学家Chomsky（2002）在*Science*所发表的他们的语言机能新观（语言机能有广义和狭义之分，而狭义语言机能则只有递归）就是基于这些研究。在文章里，他们提出语言进化的比较方法——根据现存物种的实证性数据来详细地推断灭绝的先祖。这篇文章引起了一场热烈的讨论。Pinker和Jackendoff（2005）是他们的对立面，也提出很多甚有见地的看法。他们并不反对语言机能有广义和狭义之分，而且对Hauser和Fitch关于别的物种语言的相似性（analogs）和同源性（homologs）的研究表示赞赏。但是他们坚持主张语言是人类在进化过程中自然选择的结果，是为了适应交际的需要而产生的。他们也同样是在多学科的背景下展开讨论。并非针对Hauser等人的文章，而单独从不同的角度对语言和交际起源而展开富有成果的研究的，还有哲学家 Dan Dennett（1995）、生物学家 Richard Dawkins（1976）、Peter McNeilage（2008）、人类学家 Gordon Hewes（1973）、进化生物学家 Robin Dunbar（1997）、发展心理学家 Michael Tomasello（2008）等。

正是基于这种秉承"质量高、彰显'新'"（新议题、新视角、新观点、新方法等）的理念，广东外语外贸大学外国语言学及应用语言学研究中心组织了这套"语言学及应用语言学系列丛书"，第一个系列有4本著作，它们是《英汉双及物结构的生成语法研究》（何晓炜）、《计算机化考试研究》（曾用强）、《英语学习型词典研究》（徐海）、《词汇语用探新》

（冉永平）。这几本新著篇幅都不是很长（十多万字），但却要言不烦，有血有肉；少的是泛泛之谈、言不及义，多的是个人的实际观察和亲自试验。而且选题得当，又经过爬梳剔抉，信而有征，对推动我国语言学研究，起了添砖加瓦的作用。该系列丛书是一个开放的系统。希望第一系列投放后，更多的作者能够关注并踊跃支持该套丛书，使我国语言学研究能够绽放出更多的奇花异草，春色满园。

桂诗春
2011年8月

序

　　这是一本关于测评后效研究的书。所谓后效，常指测评对教学、教育系统乃至社会造成的影响。一些高风险考试（如高考）影响巨大，对教学既可能产生积极的推动作用，也可能带来消极的误导，因此，后效研究受到测评界高度关注并成为测评的一个研究分支，实属顺理成章。然而，本书研究的对象并非高风险考试，而是全国基础教育阶段英语科教学质量监测系统，旨在跟踪调查质量监测的潜在影响，而非已形成的实际后效。

　　全国基础教育阶段教学质量监测于2007年正式启动。在教育部的直接领导下，依托于北京师范大学，我国成立了基础教育阶段教学质量监测中心，负责全国监测工作的实施，英语教学是监测科目之一。提质增效是各行各业的生存之道和永恒追求，教育自然也不例外。教育的重要功能之一，是通过课堂教学传授知识，培养技能，提高学生素养。衡量教学质量优劣的最主要指标理应看教学大纲的完成情况，最终落实到学生对大纲规定的知识和技能所掌握的程度。而影响学习效果的外部条件也十分重要，涉及师资队伍、教学理念及方法、教学水平、教学配套设施等因素。教学质量监测就是针对所有这些因素进行定期评估，掌握教学状况的发展变化，以利于教育的科学决策，规避拍脑袋瞎指挥。

　　英语科是质量监测的主要内容之一，而决定开展后效研究，主要是由监测方式决定的。监测采取了测试与问卷调查相结合的方法，借此全面了解英语教学情况以及对其产生影响的相关因素。既然监测用了测试，势必对教学具有潜在的反拨作用。虽然监测结果一时不触及学生和教师的切身利益，对教学影响不大，但是，随着监测的深入持久开展，随着监测持续反馈给各级政府部门，监测结果会否被误用于评教评学，对师生形成压力，引发应试教学，额外增加测评风险？对此可能性实难预料。为了促进监测工作的顺利进行，我们提出，一个保险的措施是未雨绸缪，在外语教学质量监测过程中对监测本身实施监测，采用的手段就是开展后效跟踪研究，这样做既检视教学质量的现实状况，又着眼于监测工作的未来发展，形成良性循环。我们的建议很快获得上级部门的同意并付诸实施。

　　为了将后效跟踪与质量监测有机结合起来，我们充分利用了自己后效研究的专长，成功申请到一个国家社科基金课题，并围绕课题组建了研究团队，在监测统一框架的指导下开展研究。根据后效研究的特点，课题组规划了调查进程，制定了具体实施步骤，在监测中心抽样的基础上深入中学英语教学第一线，按部就班开展一系列实地考察，包括听课、访谈、录音录像、问卷调查等，据此收集到宝贵的基准数据，并对数据进行了整理分析和结果归纳，描述监测开展之前和初期的教学现状，为今后教学质量的变化进行有效对比做好铺垫。以上过程在本书中均有详细描述，具有可复制性。

　　需要提及的是，书中报告的内容主要是监测之前和初期的工作，属于后效基准研究，这在以往国内外的后效研究中常见缺省，无基准的后效研究难免给结论的科学性打折扣。教育质量监测事关国家教育的健康发展，一开始便锚定基准，着眼于长远，极具前瞻性。此外，将后效研究延伸至教学质量监测，不仅拓宽了语言测试后效研究的应用范围，而且为将来的质量监测跟踪打下了坚实的基础，同时提供了可操作的方法。这样的研究对其他科目（如语文和数学）的监测具有借鉴意义，对从事测评研究的学者和研究生也有参考价值，更为那些想了解我国中学英语教学现状和质量监测情况的读者提供了较为详实的资料。因此，我们决定为读者奉上此书，以期丰富我国的测评后效研究文献。

亓鲁霞
2017年10月31日

前　言

　　本书基于国家社会科学基金一般项目"全国基础教育阶段英语学习质量监测系统研究"（10BYY031）。该课题针对英语科基础教育质量的监测系统而开展。有两个认识推动了这项工作，其一，基础教育质量监测是一项长期的任务，将成为我国基础教育领域的常规措施。在我国开展这项工作，既适应了人才强国的战略需求，也与国际趋势吻合。当今世界，基础教育质量监测受到各国教育部门的高度重视。美国的基础教育质量监测项目NEAP已实施了六十多年，至今仍在继续，国际上的相应项目PISA也方兴未艾。我国的基础教育质量监测虽然起步较晚，但受到国家的高度重视，2007年成立了教育部基础教育质量监测中心，2012年由北京师范大学牵头，联合多所部属师范大学和教育及考试机构，成立了中国基础教育质量监测协同创新中心，定期开展教育质量监测工作，完善我国基础教育质量评价体系和提升我国基础教育质量。其二，大规模测评容易产生后效，特别是负面后效，如应试教育、考试作弊等，这已被大量实证研究所证实。从发展的眼光看，测评工作是动态演变的，涉及诸多因素，它们交互作用，最终变化结果难以预测。为此，本课题赶在英语科监测实施之前启动，旨在探讨英语科质量监测系统对中小学英语教学的潜在及后期影响，为监测系统提供反馈信息，使其不断得到改进，避免产生对教学的负面影响，从而保证监测工作顺利持久进行，达到促进教学改革、提高教学质量的目标。

　　课题的研究思路参照了当今国际流行的动态系统理论（Dynamic System Theory，简称DST）。该理论把事物视为复杂的动态系统，系统由子系统组成，它们之间持续地相互作用，系统内部与其所处环境的外部因素互动并置换资源，以此获得发展动力。由于系统的运作复杂，其变化不是简单的单向因果关系（如X导致Y），而是双向甚至多向的非线性因果关系。系统中某个节点的一个小变化，其效应在多因素的交互作用下有可能不断放大，导致系统剧烈变动，这种情况被称为蝴蝶效应。但是，尽管系统在其发展变化过程中呈现不确定性和不可预测性，但它具有自适应性和自组织能力，有时会在一定的时间段保持相对平衡和稳定。系统的这些特征对我们开展教学质量监测的后效研究有重要的启迪作用，打开了研究思路。监测过程可视为一个动态系统，对它进行跟踪研究，探究它与环境的交互作用，揭示它的演变特征与发展规律，可以更好地发挥相关职能部门的管控和协调系统的功能，规避测评给教育发展带来的潜在负面影响。

课题的具体操作分两步进行。课题组首先对监测系统的设计者进行了观察并分析了相关文献，了解系统初期的风险构成和期望后效。第二步是到抽样学校进行实地调研，了解小学四年级和初中二年级的英语教学状况以及师生对监测的态度，藉此建立基准参照点，用于今后对系统的风险构成和教学的变化进行长期的跟踪研究。课题组对调研数据进行了信、效度验证和统计分析，建立了三个有利于后期跟踪研究的参照点。

第一个参照点是当下英语科监测系统的风险构成和设计者的期望后效。从风险构成的分析结果来看，英语科监测系统目前属于低风险考试，得到广大师生的支持。期望后效的调研结果显示，英语科监测系统设计者们期盼充分利用监测，促使教学大纲和课程标准得以落实，学校重视培养学生的兴趣和英语综合运用能力，推动中小学英语教学良性发展。

第二个参照点是小学四年级英语教学的现状。调查结果显示，大多数小学四年级英语教师基本上按照大纲和课标的要求开展教学，赞同采用接近真实语言使用的教学活动，也赞同培养英语综合运用能力的教学原则，但在实际教学中仍有相当一部分教师采用传统的语言知识灌输法，忽视学生的兴趣和语言运用能力的培养。小学四年级英语教学的最大问题是课时普遍不足，许多学校的教学设备落后且匮乏。

第三个参照点是初中二年级的英语教学现状。调查研究表明，初二英语教学距大纲和课标的要求甚远。受当今外语教学理论的影响，虽然初二英语教师赞同教学大纲提出的要求，也赞同采用接近真实语言使用的活动开展教学，但是他们中的大多数在实际教学中却无法摆脱以语言知识为中心的传统教法。尽管初二的教学时间比较充足，教学设备也不差，英语课本也较好地体现了大纲和课标的要求，然而，课本中不少有助于培养英语综合运用能力的好练习却被弃之不用，取而代之的是语言知识灌输与机械操练。这与中考英语有关，相当一部分课内外练习针对中考的内容和题型来设计，应试教学倾向比较严重。

本研究的主要贡献有以下三点：其一，上述三个参照点以及本课题开发的研究框架和工具，有助于英语科监测系统后效的跟踪调查，也能为语文数学等其他科目的监测后效研究提供借鉴与参考，这是本课题对监测工作的一个贡献。其二，本研究将动态系统理论（DST）应用于后效研究，这在国内外尚属首次。DST不但较好地解释了一些后效现象，还确立了测评系统的风险构成及其演变的研究范式，能够深化我们对后效源头的认识，为后效研究打开了进一步发展的空间。其三，本课题在英语科监测实施之前便启动了后效基准研究，这在大规模语言考试和教学质量监测评估史上应属首例。研究测评后效，需要对比不同时间节点收集到的教学状况数据，而测评之前或之初的调查数据对建立测评与教学之间的复杂因果关系格外重要。综观国内外的后效研究，能够收集到测评系统建立之前基准数据的尚未见有报道，足以突显本课题的学术和应用价值。

　　本书的第一章阐述了课题的研究目的及意义。第二章是文献综述。在回顾梳理了有关后效的研究之后，我们认为后效是一个异常复杂的社会现象，涉及的因素庞杂繁多，诸因素之间的关系错综复杂，难以理顺，以往的研究尚欠深入，需要寻求新的突破方向。鉴于此，有必要尝试新的理论探索，推进后效研究。于是我们介绍了国际上应用语言学界当下极为推崇的动态系统理论，借鉴该理论指导本课题的开展。第三章提出课题的研究设计与描述具体研究方法。第四至六章呈现研究结果，首先报告英语科监测系统的风险构成与期望后效，以及涉考者对监测的了解与态度，然后分别描述小学英语四年级和初中英语二年级的教学现状，作为后效跟踪研究的参照点。第七章总结了研究的主要成果与局限，并提出了后续研究框架和可用工具。

　　最后，作者衷心感谢课题组成员：李子容、李金辉、武尊民、黄志红、蔡宏文、张宪、谢琴，以及参与收集分析数据的研究生：徐柳、张莉、袁丽娟、陈小聪、彭震、许艺、晏盛兰等。他们为课题研究付出了宝贵的时间和辛勤的劳动。此外，还有许多人员对课题研究提供了大力支持和无私的帮助：教育部基础教育质量监测中心的有关人员，江西、广西、广东的一些英语教研员，接受调研学校的学生、教师和领导，以及上网填写调查问卷的教师和学生，在此也对他们表示衷心的感谢；同时还感谢广东外语外贸大学外国语言学及应用语言学研究中心对本课题的支持。

亓鲁霞
2017年11月

目 录

图表目录

第一章
研究目的与背景

本节首先讨论课题的研究目的及意义，然后简介国内外基础教育质量监测情况和英语科教育质量监测系统。

1.1 研究目的及意义

本研究探讨基础教育阶段英语科质量监测系统对中小学英语教学的影响，为完善监测系统提供反馈信息，使其不断地得到改进，从而保证监测工作顺利而持久地进行，以期达到促进教学改革、提高教学质量的目的。基础教育质量监测是当今世界各国提高教育质量的重要举措之一，关乎教育的深化改革、人力资源强国的建立、国家竞争力的提升以及战略发展的未来，受到各国教育部门的高度重视。我国对中小学教育质量进行系统监测始于近年，所采用的测量评价方式主要是测试加问卷调查，以此评估全国基础阶段的教学质量，为国家决策部门提供信息。英语科质量监测是整个基础教育质量监测系统的一个有机组成部分，接受监测的主体是小学四年级和初中二年级的教师与学生。由于监测工作在全国范围内抽样进行，所以，英语课监测所用的测试属于大规模语言测试，包括英语口笔测试和问卷调查。以往研究表明，大规模测试通常会对教学和学习产生影响，或促进或阻碍教学。此影响被称为考试后效（impact）或反拨效应（washback），是影响教学质量的重要因素，因此有必要对其开展研究。

考试后效在当今测评界备受关注，被置于考试研究的首要位置。对于任何大规模考试或测评系统，因其影响面广，牵涉到教学和教育系统甚至其他社会部门，后效研究都是不可或缺的。后效可分为两类：促进教学的后效称为正面后效，而阻碍或误导教学的后效称为负面后效。目前国内外几个重要的英语考试都被认为产生了负面后效，引发了较为严重的应试教学，如国外的托福和雅思，我国的高考英语和大学英语四、六级考试，遭到众多反对和批评。在这种情况下，连考试存在的合理性也受到质疑。例如，我国的英语四、六级考试因其负面后效而引发了是否取缔的争论（见凤凰网）。以色列的一个全国小学阅读考试在实施几年后便被叫停，主因是其负面后效严重（Shohamy, Donitsa-Schmidt & Ferman, 1996）。当今著名语言测试专家 Bachmann & Palmer（2010）注意到后效的重要性，认为考试设计的首要考量，是考试成绩的使用对涉考者（stakeholders）所产生的影响，怎样才能使其从中受益。一些学者从考试效度视角探讨后效问题，认为考试对教学的影响是考试效度的一个重要组成部分（如 Messic, 1989；李筱菊，1997），是评价一个考试的必选指标（Bachmann & Palmer, 1996；2010）。一个考试或测评系统无论其信度多么高、某些效度指标多么好，若其负面后效严重，阻碍甚至损害教学，便算不合格，皆因考试或测评终归服务于教学。因此，任何大规模考试或测评活动在实施之后均应有后效研究跟进，以便采取针对性措施，降低考试对教学的负面作用。基于此认识，许多测评机构，如美国教育考试服务中心（ETS）和英国剑桥大学的 ESOL考试院（Cambridge ESOL），都为此专门设立课题，聘请专家在世界各地对其设计和实施的考试开展后效研究。据统计，在2002年至2008年期间，剑桥考试院资助了65项各类语言测试课题，其中后效研究就多达20项（Cheng, 2008），占比31%。

大规模测试需要开展后效研究，而落实起来却要择时，因为后效通常经历一个发展演变过程。据常识推断，后效形成之初理应是着手研究的最佳时机。早先由于人们对后效的认识不足，国际国内对大规模语言考试的后效研究过于滞后，往往在后效明显发生之后才开展，此时负面效应业已凸显，怨声已经出现，所获研究结果自然欠缺说服力，因无考试设立之前或之初的调查数据作参照对比，难以在考试和教学之间建立因果关系（Wall & Alderson, 1993）。例如，人们常把一些有害于英语学习的做法归咎于高考的影响，认为教学以语法词汇为纲是屈从于高考英语压力的结果，然而，早在现行高考英语实施之前，语法词汇就一直是英语教学的重心。对此，到底是教学影响考试还是考试影响教学，或两者无甚关联，这在后效研究文献中是找不到答案的。欲了解一个考试对教学的影响，必须在考试建立之前或之初展开调查，收集前测数据。国际语言测试界称之为基准研究（baseline study），测评发生之后开展的研究则称为测后研究（follow-up study），前者为后者提供参照，前后研究的结果可以比对，能够较为准确地揭示考试后效的实质（Wall & Alderson，1993）。文献检索却发现后效基准研究凤毛麟角，十分罕见，像针对托福这种国际大规模考试所开展的后效研究也缺乏早期后效基准数据，只是在它从纸笔考试改为网考之际，美国教育考试机构（ETS）才抓住时机开展基准研究，赶紧聘请学者收集改革之前和改革初期的数据，为改革之后的反拨效应提供参照点（Wall & Horak，2006）。此为前车之鉴，足以突显本研究的重要意义和应用价值。我国的英语科监测在实施之初便开展后效基准研究，这在大规模语言考试和教学质量监测评估史上应属首例。

　　本研究搜集基准数据，可为启动长期的监测后效跟踪研究做好铺垫。鉴于后效的性质，研究不可时断时续，须伴随考试和测评的实施定期收集数据，长期坚持，才有可能提供有价值的即时反馈信息，为调整考试或相关政策提供支持和依据，遏制负面后效的形成与蔓延。而一些大规模考试的负面后效之所以愈演愈烈，恐与缺乏长期系统的后效跟踪研究有关。比如大学英语四、六级考试，设立的初衷是促进和改善大学英语教学（杨惠中、Weir，1998），其后效按理应以正面为主，借以促教促学。但考试实施二十多年后，学界却对其褒贬不一，存在严重分歧。有学者认为该考试的负面影响远超其正面作用，阻碍和误导了大学英语教学（如，张绍杰，2003；韩宝成、戴曼纯、杨莉芳，2004），违背了考试的初衷。令人遗憾的是，该考试设立之初并未及时开展后效研究，在长期使用过程中也未进行定期的系统跟踪调查，无基准数据进行对比，难以为考试的调整和改革提供可靠的反馈信息。虽有学者针对其后效做过一些调查研究，但终因基准数据的缺失而降低了反馈信息的价值，无法让人对此考试做出全面公允的评价。为了避免重蹈大规模考试忽略后效研究的覆辙，也为了英语学科的质量监测工作能够顺利开展，在实施英语学科质量监测的同时，定期开展后效研究将有助于及时发现负面后效苗头，并针对负面影响适时调整监测策略和方式。本课题所设计的研究框架和开发的调查工具不仅可以用于研究英语监测系统的后效，还可以为其他科目的质量监测提供借鉴。

　　鉴于本研究的对象是英语科教学质量监测系统，而此系统是国际国内基础教育质量监测大环境下的产物，为了廓清研究背景，下面对国内外的监测情况做一简单回顾。

1.2 国外基础教育质量监测

对基础教育质量开展监测是当今世界潮流。开展此项工作的国家众多，如美国、加拿大、英国、德国、法国、瑞士、智利、日本、韩国、泰国、越南、马来西亚（李协京，2009；黄雪娜、崔淼，2009；张林静，2012；王毓珣，1999；周世科，2012）。美国的国家教育进步评估（National Assessment of Educational Progress，简称 NAEP）已有六十多年历史，由国家评估管理委员会（The National Assessment Governing Board）和全国教育统计中心（National Center for Education Statistics）管理与实施，负责对四、八及十二年级的学生进行测评，科目包括阅读、数学、科学、写作、美国历史、公民、地理和艺术、外语等，同时还采用问卷形式了解学生的性别、种族、家庭经济状况、父母受教育程度、对学习的态度和兴趣等情况（参阅 NEAP 官方网站，黄志红，2013；辛涛等，2007）。被测学生经抽样选出，代表各区、各州以及全国教育片区及其学业水平。澳大利亚设立了两个测评系统，由学校及幼儿教育常务委员会（The Standing Council on School Education & Early Childhood）主持，一个系统名为"全国读写与算术能力测试"（National Assessment Program-Literacy & Numeracy），每年对三、五、七、九年级的全体学生进行测试，内容包括读写、算术及语言（拼写、标点及语法）。另一个系统为"全国抽样评估"（NAP Sample Assessments），每三年实施一次，从六年级和十年级的学生中抽样开展评估，内容涉及科学素养、公民文化和权利、信息与通讯技术。两个测评系统提供了较为全面的中小学生学习与发展情况，供政府、学校及家长参考（见NAP官网）。日本由文部省指导全国的基础教育质量监测工作，分为学历考试和学习状况调查，前者针对国语和数学实施考试，后者为问卷调查，旨在了解学生的生活习惯和学习环境，每年举行监测，对象是小学六年级和初中三年级学生，抽样选取被测者（周世科，2012）。这些国家的监测系统有一共同点，均采用考试与调查问卷相结合的方式。

除了在本国实施教育质量监测之外，世界上许多国家还参与国际监测项目，当前参与国最多的是 PISA 和 TIMSS 项目。PISA的全称是"国际学生评价项目"（The Programme for International Students Assessment），由经济合作与发展组织（Organization for Economic Co-operation &

Development）发起，对15岁的学生展开调查，每三年一次。调查分为两部分，一部分是测试，涉及阅读、数学、科学知识与技能，重点考查应用相关知识和技能于现实生活的能力，而不局限于书本知识；另一部分是问卷调查，了解学生的学习环境、背景、学习方式、学习态度等情况，向各国政府提供反馈信息（见PISA官方网站，辛涛等，2007；王洁，2013）。项目 TIMSS 译为"数学与科学学习趋势"（The Trends in International Mathematics & Science Study），是一项大规模数学与科学测评，由国际教育成就协会（The International Association for the Evaluation of Educational Achievement，IEA）开发与管理，每四年实施一次，对象为四年级和八年级学生，以测试和问卷调查方式考查数学和科学这两科的学习成绩，同时了解学生的学习环境和条件。调查结果为各国政府、教师、学生和家长提供反馈信息。此监测项目于1995年首次实施，至2011年，共有63个国家参加测评（参阅 TIMSS 官方网站；张林静，2012）。由此可见，基础教育质量监测在当今世界已蔚然成风。我国于2007年也成立了教育部基础教育质量监测中心，拉开了质量监测的序幕。

1.3 我国的基础教育质量监测及英语科监测系统

　　基础教育质量监测中心依托于北京师范大学，直属教育部领导，负责全国基础教育质量监测工作。中心架构包括常务工作组、专兼职专家团队和监测指导委员会。现阶段监测的内容涵盖六个方面：（1）学生的思想品德和公民素养；（2）身体和心理健康水平；（3）学业水平和学习素养；（4）艺术素养；（5）实践能力和创新意识；（6）影响学生发展的教育环境与社会环境。中心负责制定监测指标，研究和开发监测工具，并实施监测工作。其宗旨是，"按照科学发展观的要求，坚持依法监测、服务决策，科学评价、重在导向，准确诊断、探求规律的原则，对基础教育阶段学生的学习质量和身心健康状况以及影响学生发展的相关因素进行全面、系统、深入地监测，准确地向国家报告基础教育质量的现状，为教育决策提供信息、依据和建议。通过发布监测数据和监测结果，引导家长、教师、学校和社会树立正确的教育质量观，促进亿万中国儿童和青少年的身心健康发展"（见教育部基础教育质量监测中心网站）。为达此目的，中心建立了监测专业队伍和学科研究队伍，开发了监测指标体系与工具，建成了全国性的多级监测数据采集网络（辛涛、胡平平，2013）。

　　自2007年成立以来，监测中心已成功实施了多次监测。2007至2011年间，分批分年度在28个省抽样，开展了数学、语文、科学、英语、心理健康、体育与体质健康等方面的试点监测，对象为四年级和八年级学生（即小学四年级和初中二年级）。2012年，监测中心首次在全国范围内抽取了4,000多所学校约19万名学生进行监测，建起第一个全国性的基础教育质量数据库。监测结果以报告形式提交给教育部，同时还反馈到相关省、县政府部门，供国家教育决策参考（辛涛、胡平平，2013）。

　　英语科监测系统是全国监测系统的组成部分。监测中心于2009年底开始筹建工作组，邀请有关英语教学和测试专家及教师参与监测工作，制定了监测框架与指标，对所测能力进行界定和阐述，还研发了监测工具，包括英语纸笔测试试卷、调查问卷、听力口语测试题。2011年实施了英语科的首次监测，抽样涉及北京、河北、吉林、福建、江西、广西、重庆、西藏、青海、宁夏、新疆生产建设兵团等11个省市和地区，来自1,740余所学校的近69,000名四年级和八年级学生接受了监测，完成了英语纸笔测试和问卷调查，学生样本所在学校的教师和校长也填写了问卷，进一步揭示影响学生英语学习的相关因素（见监测中心网页a）。继纸笔测试之后，对学生的听力和口语能力也进行了测试，因受条件限制，仅考查了北京、吉林、福建、广西、青海五省的45所中小学，1,800名学生接受了监测（见监测中心网页b）。监测结果已上报教育部，监测框架和工具已通过专家论证和鉴定。至此，我国基础教育阶段英语科的监测系统已经建立，为日后长期开展监测奠定了基础。

　　前面提及，为了保证监测工作长期顺利地进行，除了政策保障、考务完善和工具研制之外，还需要调查监测对教学、师生、学校所产生的影响，即监测的后效。本研究便是针对后效而申报的课题，获批立项后，我们首先对有关后效的文献进行了研读和梳理，借鉴前人的经验和成果，确定了实施框架，制定了研究路径及方法，下一章将报告文献研读结果。

第二章
后效研究与动态系统理论

本章分为两大节，第一节综述有关后效研究的主要文献，归纳主要发现，指出存在的问题。第二节简介动态系统理论，借鉴其核心理念，阐释一些后效现象，反思外语测试界的相关研究。

2.1 后效研究综述

后效研究始于20世纪90年代，研究者们在开展实证调查的基础上提出了一些有价值的理论，经过二十多年的探讨，逐步发展成为语言测试研究领域里的一个重要分支，研究势头至今未减，参与者不断增加。后效研究之所以不断发展，一个重要原因是后效已经成为考试研究不可或缺的一部分，时下设计任何上规模的考试都不能忽略它，监测也不例外。为了更好地解读本课题的研究结果，下面先介绍当今主要的后效理论，梳理研究路径，然后对相关的实证研究进行归纳和分析，找出存在的问题，由此突显本课题解决问题的思路和价值。

2.1.1 理论探讨

后效一词译自英文的 impact，其他术语还有 washback，curricular alignment，systemic validity 等。虽然这些术语都是后效的同义词，但意思上有细微差别，这里不逐一讨论，但要指出的是，Wall（1997）对后效（impact）和反拨效应（washback）作过区别。她强调"后效"指考试产生的一切影响，包括对整个教育系统乃至全社会的影响，而"反拨效应"则专指考试对教学的影响，涉及面较窄，包括教师和学生为应付考试而开展的一些本来没有的教学活动（Alderson & Wall，1993）。为了方便讨论，本文对"后效"和"反拨效应"不作区分，两者通用[1]，通指考试所产生的影响。此外，"后效"属于中性词，既无褒义，亦无贬义。但是，人们在评判考试后效时，却经常区分正面与负面效应，或积极后效与负面影响，或考试的正能量与负能量。

后效是一个抽象概念，无形无骸，只有在与考试相关的事件发生时，它的存在才得以彰显。好比飞机的航道，看不见摸不着，飞机一旦飞过，人们便意识到航道的存在。同理，只有当一些可以观察到的并且与考试相关的事件发生时，我们才能说考试产生了后效。例如，我国每年6月7至8日举行高考，为了减少噪音，届时考场附近通常会封路，建筑工地暂时停工，这便是考试对某些社会群体产生的后效。又如，当今英语教学，常用多项选择题检查阅读理解，也可视为考试的影响。理由是，现实生活中从不需要如此检验阅读理解，在多选题出现之前，语言教学中也未见此类练习，而采用多选题考查理解的做法可追溯到20世纪60年代，其时出现托福纸笔考试。因此，研究后效，必须有可观察的指标。

在理论层面，学者们主要从三个角度去探究后效：一是定义后效的属性；二是界定它的各个维度；三是提出假设，构建模型，勾勒后效范围、层面和运行机制。

探究**后效属性**旨在澄清研究的性质和目标。对属性的主要认识有，后效是考试构念效度不可分割的一部分（Messick，1989；1996），或归属于超考试效度（李筱菊，1997）。效度历来被认为是考试的灵魂，把考试所产生的影响提升到效度的层面来认识，意味着考试的设计和命题人员对后效负有不可推卸的责任。在设计一个考试时，必须考虑到考试可能产生的影响，采取一切措施保证积极作用，减少负面影响。美国著名语言测试专家 Bachman & Palmer（2010）便持此观点。Linn（1997）也认为，要想促使人们充分考虑设计者期望的正面影响，抑制负面能量，最佳的办法是将这些影响作为一个重要部分，纳入考试的效度验证之中。持相同观点的专家还有 Morrow（1986）、Shepard（1997）等。但也有专家持不同观点。Alderson & Wall（1993）认为后效是一个非常复杂的现象，不宜直接与效度挂钩。Alderson（2002）进一步指出，考试带来的许多后果有可能源于社会或他人对考试结果的误用，超出考试机构和设

---

[1] 之所以轮换使用这两个术语，原因是许多研究采用"反拨效应"，文中回顾这些研究时沿用该词。

计者的控制范围。Davis（1977）也反对将后效纳入效度范畴，认为考试人员在设计考试时，无法考虑到该考试将来会导致的全部后果。还有学者认为，如果将后效归为考试效度，易引起思想混乱，使效度的概念模糊不清（Popham，1997；Wiley，1991）。显然，后效是否应该归入考试效度的范畴，业界仍有异议，但是，对后效的重要性和开展研究的必要性，学者专家们的意见高度一致，未见分歧。

我们完全赞同将后效作为衡量语言测试工作最重要的指标，却不赞成将其纳入考试效度。理由是，用效度概括后效易使问题简单化，误导考试使用者，以为考试对教学起决定性作用，考试搞好了，教学也会跟着好。实际情况是，考试对教学影响的大小和好坏，不全由考试决定，社会上和教学中的诸多因素与考试发生交互作用，产生不同程度、不同性质的后效，这点已被研究所证实。杨惠中、桂诗春（2007）认为，要想加强考试的正面后效，减小负面影响，单靠考试人员是无法做到的，需要社会各方面的协同努力。

界定**后效维度**是深入开展研究的前提。Watanabe（2004）提出了后效的五个维度：具体性、强度、长度、意图、性质[1]。具体性指考试的某一方面或某个考试具体的后效，比如一个考试如果包含听力测试，教学中听力就会受到重视。与此相对的是普遍性，指任何考试都具有的后效，如促使学生加大学习投入，任何考试都会使至少部分学生更加重视学习，投入更多的时间和精力。强度指考试对教学影响的程度有多大。长度指考试影响延续的时间。意图指考试设计者对后效有怎样的期望，希望考试产生哪些具体影响。性质指后效是正面的还是负面的，是推动还是阻碍教学。在这五个维度中，性质最为重要，也受到最多关注，多数后效文章都会提及。相信考试正能量的学者提倡通过改革考试促进教学改革，Popham（1987：679）认为，"如果设计和实施得法，以考促学是当前改善美国公共教育最为经济有效的办法"。而更多看到考试负能量的学者则反对以考促学，认为考试必然带来填鸭式教学，使课程缩水，将师生的注意力集中于考试能够测量的技能，限制他们的创造性（Madause，1988）。

提出假设、构建模型是对后效理论研究的推进和对实证研究的引领。学者们在这方面提出了不少颇有见地的理论模式。Hughes（1993 in Bailey，1996）用三分法来界定后效的各个层面，认为考试的影响涉及

---

1 英文文献中有不同的词表达此概念，如 value（Watanabe，2004）和 direction（Green，2006）。

参与者（考生、教师、教育管理人员、教材编写者、教科书出版商等）、过程（大纲制定、教材编写、教学方法、学习策略等）和结果（学到的知识与技能）。Alderson & Wall（1993）针对后效提出了15个假设，从教和学的内容、方法、顺序、进度、程度、深度等方面阐释考试对教学的影响，包括影响的大小与范围。根据实证研究结果，Alderson & Hamp-Lyons（1996）后来新增了一个假设：后效的类型和强弱程度对不同的教师和学生有所不同。

　　基于三分法和15个假设，Bailey（1996）构建了考试后效模式，其基础框架取自 Hughes 的三分法，内容包含 Alderson & Wall（1993）的反拨效应假设所涉及的各个层面（见图1）。该模式在后效研究领域影响颇大，被广泛引用。Bailey 的主要贡献在于整合了各种概念与假设，揭示了后效运行机制的复杂性。在她看来，测试影响并非总是从考试直接延伸到教育系统的各个环节与层面，例如，考试通过教师对教学产生直接影响，同时也通过教材对教学产生间接影响。因此，考试对教学系统各个环节的影响是双向的，甚至是多向的，而且相互关联，通达联动。在此过程中，其他因素（如教材编写者的教学理念）也发挥作用，很难把它们与考试本身产生的影响区分开来。

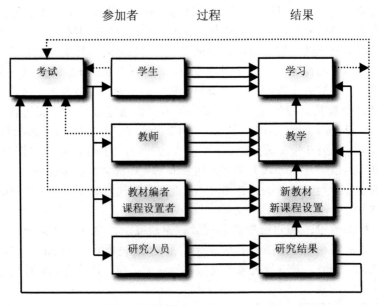

图 1　后效模式（Bailey, 1996）

上述假设和模式主要关注后效的范围、层面以及测试与其他因素的交互关系，却忽略了前面提及的其他后效维度，如后效的性质。Green（2006）提出的后效模型一定程度上弥补了此缺陷，拓展了早期的理论（见图2）。

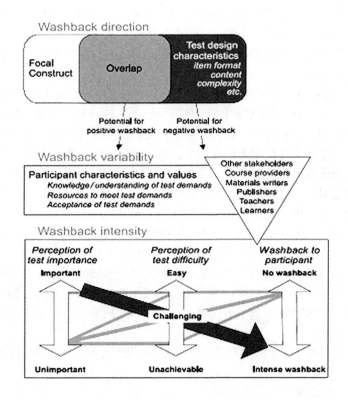

图2　反拨效应性质、可变性及强度

Green 的模型涵盖两个主要部分：一是考试的特征，包括考试整体设计和各部分的内容、题型、复杂程度等；二是涉考者特征，涉考者主要指考生，但也指教师、教材编写者等，其特征包括涉考者对考试要求的解读、接受程度、达到此要求所具备的资源、对考试重要性和难度的评估等。该模型的创新之处在于将后效的性质、可变性（variability）与强度（intensity）纳入其中，认为一个考试的构念效度越高（即反映拟测能力的全面性），正面后效或反拨效应就越强。此外，后效的强度还受制于涉考者对考试重要性与难度的评估，考试越重要（或风险度越高），后效也越强，反之亦然。而难度与后效的强度不成正比，过难过易的考题或考试都不会导致高强度后效，唯有那些考生认为具有挑战性且能通过训练提高成绩的考试，才会引发高强度的后效。可变性主要指同一个考试对不同的涉考者所产生的影响有所不同。后效性质、可变性和强度三个重要变量的引入，增强了 Green 模型的解释力。用此模型指导研究，不仅需要了解后效的范围与层面，还要根据测试的构念效度和涉考者特征，甄别积极影响和负面作用，并检测后效的强度，这有助于更加全面深刻地剖析后效的本质。

除了 Green 的模型，近年还有其他反拨效应模型问世，如 Shih（2007）的"新反拨效应模型"。该模型强调多种因素与考试交互作用对学生的影响，包括社会、教育系统、家庭朋友等外在因素，还包括考生的教育背景、职业规划等内在因素。黄大勇（2011）综合分析了前人对后效的理论探讨，提出了三个模式。1）概念模式，包括四个维度即测试效应的范围、方向、强度、持续时间。2）发生模式，探究后效的产生机制。他认为，考试效应是在一定的社会教育环境中产生的，根源在"效应引入方"即考试结果的使用者（包括误用），考试本身是"效应媒介"，效应通过考试产生并接受其影响，受到考试影响的考生、教师、学校等构成"效应接受方"。3）阐释模式，即借用 Bourdieu（1984）的社会实践论来解读测试效应。他认为涉考者如考生和教育主管部门等都有各自的资本、习惯和在场域中的位置，这些因素共同决定他们对考试做出的反应（后效）。

上述模型丰富了后效理论，为实证研究提供了可选择的理论框架。

2.1.2　实证研究

针对后效的实证研究，一般都在前述理论指引下开展，从某一个维度切入，在 Bailey（1996）的后效模式勾勒出来的考试与教学框架下调查。从"意图"维度切入，研究重点就是考试是否对教学产生了预期的积极影响。换言之，研究聚焦于考试的期望反拨效应。首先来看三项此类研究，它们的共同之处是，所研究的考试都具有促进教学改革的目标，考试设计者试图利用考试的倒逼作用，促使传统的英语教学向注重运用、注重交际的方向转变。Wall & Alderson（1993）报告的研究涉及斯里兰卡的新英语中级证书考试，在新考试实施前后两年的时间里，他们组织了一支调查队伍，在49所中学进行了6轮调研，具体做法是课堂观察，然后对教师进行访谈。经过对其中两轮数据的分析，发现考试的促学效果不尽人意，虽然考试对教学内容产生了较大影响，对教学方法却毫无触动。研究还发现，教师们所说的和所做的有一定出入，彰显了多种方法收集数据的重要性。Wall & Alderson（1993）指出，对反拨效应的研究应该调查教师对考试的态度和理解，以便解释为什么某些期望反拨效应得以实现，而另一些却毫无反响。

Cheng（2005）的研究内容是，中国香港教育证书英语科考试改革对中学教育系统产生的影响。研究方法包括访谈、课堂观察和问卷调查，分两次进行，一次在考试改革之前，一次在改革之后。调查对象是考试人员、教材编写人员、教师、学生等。收集到的数据包括教学材料、师生对考试的了解与态度、教学内容和教学方法。对比分析了两轮收集的数据，研究者得出结论：考试改革对教科书出版商和教材编写人员的影响颇大，对教师和学生也有影响，但主要体现在教学内容的改变上，教学方法却未随之改变。虽然考试改革的一个重要目的是推动香港中学的英语教改，使学校更加重视语言的使用及交际功能，但此目的在很大程度上未能实现。亓鲁霞（2004）研究了我国高考英语（NMET）的反拨效应。通过比较中学的英语教学现状和高考英语设计者及命题人员的意图，揭示考试是否达到预期的效果。研究方法包括访谈、课堂观察和问卷调查，对象是高考英语考试人员、英语教研员、教师和学生。考试的设计者曾试图利用高考的巨大影响力，改变中学英语教学重知识、轻能力的倾向，通过重点考查语言运用能力，促使教学转向培养学生的英语运用能力。然而，这个良好的愿望却受制于考试目的和其他因素的影响，未能在教学中得到充分体现。研究还探索了阻碍期望后效实现的各种因素，包括考试的双重功能、考试结果的误用等。这三项研究表明，虽然考试在有些方面发挥了积极影响，但离设计者的期望反拨效应相距甚远。需注意的是，这三项研究的对象均为大规模高风险考试，近年有学者对规模较小、风险相对较低的考试或评价系统也展开期望后效研究，有不同的发现，下面做些介绍。

Saif（2006）的研究对象是加拿大一所大学的英语口语考试。该校有不少外籍在读研究生课余做助教工作，需要有较高的英语口语能力。为此，英语教学中心开设了专门课程，帮助他们提高英语水平。作为课改的一个组成部分，相关人员设计了新口试，用以促进教学，提高学生的口语能力。Saif采用问卷调查、访谈、课堂观察、文件分析等方法收集数据，分析总结后得到的结论是：考试对教学内容、教材、教学活动、以及学习结果均有正面影响。Munoz & Alvarez（2010）研究了基于课程的口语评价系统，历时15个月。该评价系统包括：口语课程目标、系列评价任务、评分等级和标准、评分表格、期中和期末提供给学生的评价结果反馈报告单等。该系统还要求学生根据标准开展口语自评。研究将14位英语教师和110名学生分成两组，两组使用同一个口语评价体系，一组教师接受评价系统使用的培训与指导（实验组），另一组教师则根据自己的理解去使用该系统，未接受培训与指导（对照组）。收集数据的方法包括问卷调查、课堂观察以及数次小型口试，每次记录分数等级。结果表明，与对照组相比，口语评价系统在实验组产生了明显的积极反拨效应。具体表现为：实验组的教学目标更加明确，采用的评价任务更为有效，学生对评价标准更加熟悉，自评时也用得更好；他们参加数次小型口试的平均分高于对照组，而且具有显著意义。此项研究的启示是，要想获得正面反拨效应，单靠考试或评价系统还不行，需要对教师进行培训与指导，使他们真正了解并认同考试或评价的指导思想、原则、方法、标准等。这一发现促使考试人员关注备考指导，极具意义。

上述研究结果表明，考试并非决定教学的唯一因素，好的意愿并不一定能够带来预期结果，对教师的培训与支持至关重要，说明教学中的其他因素（如教师）与考试交互作用，导致考试的实际反拨效应，这在一定程度上支持了 Bailey（1996）的后效模式，即考试和教学的各类参加者均对后效起作用。对此，一些学者进行了比较深入的探讨，下面介绍几项相关研究。

Alderson & Hamp-Lyons（1996）研究托福考试对教学的影响。调查对象是两名既上普通英语课也上托福备考课的教师。通过访谈和课堂观察，发现考试对教学的内容和方法均有影响，但影响的类型与程度却因人而异，说明教师因素起主导作用。Watanabe（1996）研究的是日本各大学的入学考试对备考的影响。他首先分析了入学考试，然后在一所辅导学校对两位教师进行访谈和课堂观察，发现教师本身的因素（如学历、教学经验、教学理念）对教学的影响更大，超过考试的反拨效应。Shohamy等人（1996）在以色列同时调查两个全国性的语言测试，一个是阿拉伯语作为第二语言的考试，另一个是英语作为外语的考试，当时二者均经历过改革。研究者通过访谈和问卷，调查了教研员、教师和学生。结果发现，对阿拉伯语考试的改动未在教学中引起任何反响，而对英语考试的改革却导致了备考时间、教学活动、教材等多项变动。这表明英语考试产生了强力后效。研究结论是，语言考试的后效取决于诸多因素，其中包括考试的用途和所考查的语言在社会中的地位。Green（2006）针对雅思写作进行后效研究，通过课堂观察和访谈，对比雅思备考课和大学英语课的写作训练，发现两者有不少相似之处。反拨效应主要体现在两方面：一是备考课训练的内容与大学英语课有所不同；二是训练范围明显窄于大学英语课。研究同时还发现：教师因素在教学中起着重要作用，这与 Alderson & Hamp-Lyons（1996）和 Watanabe（1996）的发现相同。以上研究进一步证实了后效的复杂性，发现了诸多因素与考试交互作用，共同影响教学。或许是由此受到启发，Shih（2007；2010）提出了新的反拨效应模型，并在其框架下进一步开展了实证研究，探讨中国台湾英语水平考试（GEPT）对学校制定学生毕业政策的影响。调查对象是台湾两所私立高校的应用英语系，通过访谈和文件分析，证明英语水平考试影响政策制定，还发现其他与考试交互作用的因素，如政府规章、教育环境、学生英语水平、学校行政工作、教学资源等。在上述因素的共同作用下，一个系把英语水平考试的听读考试成绩作为学生毕业的条件之一，而另外一个系则无此要求。由此可见，在理论指导下开展实证研究，调查结果能够丰富理论，进而指导和推动更多的实证研究，理论与实践相互促进。

辜向东（2007）从后效的性质维度切入，旨在了解大学英语四、六级考试的反拨效应。调查对象包括考试人员、教师和学生。研究工具有问卷调查、访谈、课堂观察等。结果发现：大学英语四、六级考试对教学各方面均有影响，其程度因学校、年级、教师而异；考试的正面影响大于负面影响，主要体现在促进了教学大纲在教学中的贯彻落实，激发了教师和学生的积极性等；负面影响包括教学进度过快、课堂上使用考试模拟试题，教材完成情况不够理想等。金艳（2000）的研究同样关注后效性质，聚焦于大学英语四、六级口语考试的反拨效应，在口试举行第二次试点之后，用问卷在考生和主考教师中收集数据。结果发现，口试产生了良好的反拨效应，致使学生更加重视口语学习，甚至在课外参加各种各样的口语活动。

从现有研究所采取的路径（approach）来看，使用最多的是对比分析。此类研究对比考试前后的教学（Wall & Alderson，1993；Cheng，2005），对比不同考试对教学的影响（Shohamy *et al.*，1996），对比期望反拨效应与实际反拨效应（亓鲁霞2004），对比备考与常规教学（Alderson & Hamp-Lyons 1996, Green 2006），对比提供指导和帮助的测评与无帮助的测评（Muñoz & Álvarez，2010）。需提及的是，Wall & Alderson（1993）和Wall & Horak（2006；2007；2008）特别强调对比考试前后的教学状况，唯有如此，才能确定教学中的变化确实源于考试的影响。为此，研究者需要开展基准研究和测后研究（baseline & follow-up studies），在考试实施之前和之后均收集数据（baseline data 和 follow-up data），然后将两组数据对比分析，才能发现考试与教学变化是否存在因果关系。Wall & Alderson（1993）和Cheng（2005）的研究均采用此路径。

另一项对比研究是Wall & Horak（2006；2007；2008）针对托福改革开展的调查。他们在新托福（即网考托福）实施之前启动了系列研究，包括改革前的基准研究（baseline study），改革启动后的过渡期研究（transitions study）和改革实施后的测后研究（follow-up study）。前两项研究的重点包括考试改革之前的教学状况，得知改革消息后涉考者对改革的了解程度与态度，还有考试设计者的期望后效。测后研究重点调查新考试实施后的教学现状，将其与基准研究结果对比，以发现新托福的实际后效。例如，新托福的一项具体改革是考生答题时可做记录。在收集基准数据和测后数据时，就需观察教师是否训练学生做记录的技能，若前无后有，便可确定考试带来的变化，若前后都有此项训练，便应排除考试的作用（Wall & Horak，2007）。Wall & Horak（2006）通过对考试设计者的访谈和综合分析相关后效研究，列出新托福的具体预测后效，包括重视口语教学，减少孤立地教授语法知识在教学中的比例，学生更多地借助电脑做英语练习等。这些预测可以作为参照点，先与新考试实施前的教学比较，再与考试实施之后的教学比较，找出异同，便可得知哪些期望和预测后效得以实现，哪些考试影响在意料之外。所以，基准研究对清楚了解考试改革之前的教学状况和设计者的期望后效极为重要。

上述介绍只涉及一些主要研究，过去二十来年，后效实证研究如雨后春笋般地涌现，限于篇幅，不逐一介绍，仅总结主要发现，如下。

第一，考试必定影响教学，导致备考，高风险考试尤其如此。由于备考，教师和学生对所考科目会加大投入，提高教和学的积极性。Watanabe（2004）称之为考试的普遍反拨效应（general washback），是所有考试的共同特点。

第二，高风险考试的影响面甚广，但影响程度有所不同。影响面主要体现在教育系统和课堂教学的各个环节与层面，包括教师的教学态度，学生的学习动机，他们对考试的态度和理解，教和学的内容、方法，课本和其他教学材料的编写等。与教学方法相比，教材、教学内容和教学时间的分配更易受到考试的影响（Wall & Alderson 1993，Cheng，2005；辜向东，2007；Xie，2010）。也有研究发现后效的强度主要体现在学生的学习态度和对待考试的态度上，在学习内容和方法层面较弱（唐耀彩、彭金定，2004）。

第三，考试设计者和决策者的期望后效难以充分实现（Wall & Alderson，1993；Cheng，2005；亓鲁霞，2004），根本原因是考试的选拔功能和证书功能制约了它的促学作用。为了保证基于考试成绩发放的证书和做出的选拔决定公平公正，试卷设计者不得已而大量采用一些有益于考试但无益于教学的题型（如多项选择题和短文改错题），以提高考试的信度。此外，考试的选拔功能与证书功能往往导致教学偏离原定目标和有效方法，沦为应试教学。因此大规模高风险考试往往无法有效促进教与学。相反，一些规模较小、风险较低的考试似乎更有益于促进和改善教学（Saif，2006；Muñoz & Álvarez，2010）。

第四，考试兼有正面效应与负面效应，取决于看问题的角度和研究者的判断标准。以大学英语四、六级考试的后效为例，研究者认为其正面后效包括：促进了教学大纲的贯彻实施，促使学校领导重视英语课程，帮助教师和学生认识语言运用能力的重要性，激发教师教学和学生学习的积极性（陈茜，2010；辜向东，2007；金艳，2000；曹勤，2009；伍宏传，2003；叶菊仙，1998；叶翠英，2001）。负面后效体现在：干扰正常教学，导致一些学校缩短课时甚至停课备考，教学计划不能完成（韩宝成等，2004；辜向东，2007），引发应试教学，做模拟题代替了正常教学活动（韩宝成等，2004；陈茜，2010），影响学生的学习兴趣与态度，不少学生不喜欢也不专心完成与考试无关的课堂活动（叶菊仙，1998；叶翠英，2001），四、六级通过率成为衡量教师业绩的标准之一，造成压力与焦虑，影响教学积极性（叶翠英 2001）。总之，考试是一柄双刃剑，促进教学的同时也带来负面效应。

第五，后效的性质、强度、运行方式等不由考试单独决定，诸多因素与考试交互作用而产生后效。这些因素包括：教学环境，教师、学生、甚至家长对考试的了解与认同，教师的学历、水平、教学经验，学生对待考试的态度，他们的学习动机和策略等（Alderson & Hamp-Lyons，1996；Cheng *et al.*，2011；Green，2007；Gosa，2009；Xie，2010；Watanabe，1996；亓鲁霞，2004）。因此，后效因人而异，因时而异，因地而异。同是参加四、六级考试，不同学校、不同班级、不同教师、不同学生受到的影响有所不同（辜向东，2007）。同一个考试的影响在不同时期有所不同

（Shohamy，1993；亓鲁霞，2004）。我国的高考英语在早期取得较好的期望后效（Li，1990），但随着时间的推移和相关的应试方法日趋成熟，后期的研究却发现期望后效非常有限（亓鲁霞，2004）。这些波动反映了后效的动态特征。

以上综述表明，后效研究已取得长足进展，学界对此问题已有较清楚的认识，对考试产生的影响已经高度关注，但以往研究仍存在一些问题，这将在下一节讨论。

2.1.3　存在的问题

以往后效研究存在的问题主要体现在三个方面：（1）基准数据缺失；（2）对后效性质的评判标准不明确；（3）对后效复杂性的研究不足，下面进行逐一分析。

基准数据缺失是迄今后效研究最主要的问题。Wall & Alderson（1993）强调收集基准数据，理由是，若不了解考试设立或改革前的教学状况，把教学中的一些不良做法归咎于考试影响不合逻辑，缺乏有力的证据支持，不能成立。所以应在考试设立或改革之前和之初收集反映教学状况的基准数据，这样的数据与考试或考试改革无关，可作参照点，与考试设立或改革之后的教学相比较，从而发现考试的影响。近年来，研究者注意到基准数据缺失的问题，开始把基准数据的收集纳入研究设计当中（如Cheng，2005；Wall & Horak，2006；2008）。但在国内的后效研究中，据我们所知，后效基准研究迄今仍是一个空白。有研究在考试开展多年之后，仅凭问卷获得的学生看法，便断言考试产生了影响，在基准数据缺失的情况下评判其性质是负面的还是正面的（如伍宏传，2003；付瑶，2010），这样的结论难以令人信服。

评判标准不明确是后效研究中的另一个问题。评价一个考试对教学的影响到底是正面还是负面，是一种价值判断，学界存在分歧。刘润清（1999：233）认为，考试对教学的影响如果"是符合学习过程的，对学生有一种有利的引导作用和督促作用"，就是好的影响。换言之，能够促进学习，就是正面后效，对此学界应无异议。但此界定比较抽象宽泛，一旦涉及到考试产生的具体影响，人们往往各执己见。比如，有研究者认为考试引起管理层重视英语教学，是正面反拨效应（参阅辜向东2007），有学者却持不同的观点（如井升华，1999）。既然反拨效应的性质是一种价值判断，界定标准就应当十分明确（亓鲁霞，2004），可是多数反拨效应论文忽略了这一点，对所用标准未明确界定，读者只能自己推断。Bailey（1996）认为，许多研究者的主要依据是交际教学法原则，违背此原则或折射出过时教学原则与理念的考试，通常被认为会导致负面后效。至于一个考试的哪些特性和做法符合交际教学法的原则，则由研究者判断。还有一些研究者默认教学大纲为评判标准，一个考试若致教学偏离大纲或影响其实施，则被认为产生了负面反拨效应（Madaus，1988）。然而，有关教学大纲是否反映了正确的学习理念，能否有效促学，研究者一般不予评判，读者更无从了解。因此，后效研究要求研究者对语言学、外语教学、二语习得等相关领域的最新研究成果有所了解，对什么样的学习活动和方法有利于促学须有较为深刻的认识，唯此方能比较准确全面地判断一个考试能否有效促教促学，产生正面后效。一些研究者在论文中明确提出具体判断标准，他们的做法值得借鉴。例如，Green（2007）分析考试的内容结构，看其是否考查了应考的能力和技能，以此观察备考是否有助于提高这些能力与技能，形成正面反拨效应。Xie（2010）则用考试设计者提出的标准，来定义正面和负面反拨效应。在我们看来，准确了解设计者的标准，即期望后效，是一个可行的后效判断方法。期望后效反映了考试设计者的教学理念和考试设计的指导思想及原则。按理，设计者不会有意制造考试负面后效，如果试图以考试影响教学，必定期望实现正面后效。所以，以期望后效作为标准，评判实际后效的性质，不失为一个合理的切入点。

　　还有一个问题是对后效复杂性的研究不深入。过去二十多年的实证研究已表明，后效是一个异常复杂的社会现象，涉及的因素庞杂繁多，诸因素之间的关系错综复杂，难以理顺，需要寻求新的突破方向。虽然业界对此已有充分认识，但在构建相关理论和开展研究时，仍有过于简单化的倾向，如Alderson & Wall（1993）的反拨效应假设。这或许从一个侧面说明，为什么经过多年研究，对如何抑制考试的负能量，强化其正能量仍缺有效应对措施。鉴于此，有必要尝试新的理论探索，推进后效研究，不断深化认识。国际上应用语言学界当下极为推崇的动态系统理论或许能为后效研究提供一个新视角，值得尝试。下面对该理论做一简介，并据此进一步反思后效研究，指导本课题的开展。

2.2 动态系统理论与后效研究

　　动态系统理论源于自然科学研究，后被应用到社会科学和外语学习领域，本节对此理论的一些基本观点做一简述，然后尝试用它阐释后效现象和研究发现，并对相关问题进行分析讨论。

2.2.1　动态系统理论（DST）简介

20世纪中期以来，科学研究领域经历了一次思维范式转变。经典科学范式的研究模式，是把事物进行分解，将个体因素剥离出来加以研究；而新的范式从事物的整体出发，把事物看成复杂的动态系统，探究事物各要素之间及其与环境的交互动态关系，从而认识系统的特征与规律，以求达到管理、改造、调整、优化系统的目的。这种新思维范式集中反映在一组理论之中，如复杂科学、混沌理论、非线性系统理论、全息论、耗散结构论、协调论，其中包括动态系统理论（Dynamic System Theory，简称DST）。它们的共同之处，是聚焦于复杂系统的发展演变（de Bot，2008），故具有相同或相似的原则与理念。从研究考试后效的角度来看，体现这些原则和理念的动态系统理论最富于启示。DST最早在物理、数学、气象等学科领域应用，取得显著成果，现已渗透到社会学、教育学、心理学、第二语言学习研究等诸多领域，但在语言测试学科的应用迄今尚未见有报道，将此理论应用于后效研究是新的尝试。下面对DST作一简介，主要参考相近学科（如二语习得研究、教育学）的相关文献（Larsen-Freeman，1997；de Bot，*et al* 2007；Verspoor *et al*.，2011，李兰霞，2011；周志平，2005；冯永刚，2007）。

DST 的一个主要观点是，系统具有**复杂性、动态性和开放性特征**。系统内部呈复杂的网状结构，大系统中嵌套着子系统，子系统下又包含下一层级的子系统，一个系统相对上一层是子系统，对应下一层是母系统。系统的各个组成部分（要素和子系统）相互连接，相互依存。以语言为例，在一个特定的语言之下，有着语音、词汇、句法等相互关联的子系统。系统是发展变化的，随着时间的推移，系统内部各要素（elements）和各子系统之间相互作用，并且与所处环境（即外部因素）交互作用和置换资源，获得发展动力，所以系统具有开放性和动态性特征。动态性特征说明系统的变化是绝对的，而不变是相对的。de Bot等（2011）用海滩上堆砌的沙堡来比喻系统的动态性和开放性特征。沙堡完成之初，沙粒合适的湿度和黏着度，使其暂时保持形状，这是系统的平衡状态，从外观看似乎毫无变化。实则不然，沙粒的干湿与黏着程度始终变化着，这是内部力量。同时，海风或许不停地吹，裹夹着细粒冲击着沙堡，而路人的脚步会震动沙堡的根基，这是外部力量。在内外合力的冲击之下，沙堡系统的变化最终跨越临界点，开始坍塌，一个部分跟着另一部分，然后沙粒停止流动，系统呈现出另外一个形状，进入新的暂时平衡状态。不过，无论是沙堡还是一滩沙粒，都是完整的系统，体现了系统的整体性特征。

　　系统的整体性特征揭示了系统各要素及其与环境交互作用而具有的形态浮现（emergent）性质。DST认为，整体不等于部分相加之和，因为整体可能浮现出部分不具备的特征（整体大于部分之和），部分在整体中的某些特性有可能受到抑制（整体小于部分之和），而整体又体现有组织的动态运转过程（整体大于整体），因此具有不确定和冲突性。可说明形态浮现的一个例子是空中鸟阵。虽无总指挥，飞行中的鸟群常常呈现出不同形状的队列，Reynold用计算机模拟了这一系统行为，当每一个体遵循"保持距离、协同、连贯"这三条规则时，鸟群的整体格局就会浮现出来（转引自Larsen-Freeman, 1997）。

　　因果关系的非线性关系是系统的又一特征。在系统的发展变化过程中，促进变化和发展的因素与结果之间的关系通常是非线性的（non-linear）。例如，一枚滚落的卵石可能导致一场雪崩，即蝴蝶效应。说明一个时常发生的小触动，在某些特定的时间和条件下，也许会给系统带来巨大震动，使之陷入无序状态甚至崩溃，即系统中各要素的交互或与环境的作用具有放大效应（Larsen-Freeman, 1997）。所以，在DST的视角下，系统各要素之间，或世间万物之间，通常不是单向因果关系，而是双向甚至多向关系。这从另一个层面揭示了系统或事物的复杂性，也说明了系统要素间相互作用的放大效应，以及结果的非确定性（non-deterministic）和不可预测性（non-predictable）。

　　反馈敏感是开放系统的另一个特征，系统在与环境因素的互动中，具有自适应、自组织能力（adaptive, self-organizing）。Larsen-Freeman（1997）引用生物学家的论据说明这些特征。自然界的物种均可看成大大小小的系统，来自自然界的正反馈促进物种进化，而负反馈掣肘过度变异，使物种的主要特征能在较长的时间内保持稳定。应用到二语习得领域，可以解释一个现象，即学习者的第二语言系统如何在使用中对反馈信息做出调整，使自身更加接近目标语系统。

　　所以，世间的开放系统是错综复杂、动态演变的，系统内部各要素相互作用，系统与环境也相互作用，置换资源，对反馈做出积极反应，不断适应、重组、发展。处于发展中的系统，各要素之间的作用是非线性的，因而具有不确定性和不可预测等特征。

2.2.2　DST 的主要研究路径与方法

从 DST 角度开展科学研究，需要厘清一些有别于传统研究的主要理念（Larsen-Freeman & Cameron，2008；de Bot，2007）。首先是研究的切入点不同。传统研究一般将研究对象分解剖析，剥离出一个或数个变量，提出假设或预测进行验证。而 DST 的研究聚焦于系统层面，从整体着眼，探究系统各部分或各变量之间的互动关系，以及由此产生的格局，所以"认识部分和整体构成了一种环路：通过整体认识部分，通过部分认识整体"（周志平，2005：2）。研究重点可以放在系统的某个层面，兼顾其他因素，因为系统结构是层层嵌套的（nested levels）。因此，传统研究强调预测和解释对象的发展结果，而 DST 认为复杂事物的具体结果很难准确预测，故着重描述和解释系统的发展轨迹，据此估计系统下一步的发展状态与格局。

其次是对因果关系的理解不同。经典科学研究的假设基于事物间的单向因果关系，即原因 x 导致结果 y。从 DST 的角度开展研究，却要描述"共同调整变化"（co-adaptation），即描述系统各部分之间的双向甚至多项因果关系，因为系统各部分以及系统与环境关联互动，互为因果。例如，本族语者与非本族者交流时，双方都会调整语速、语调、词汇、语法等以促进交流，非母语者的中介语便是在这样的交流中演变发展。因此，基于 DST 的研究发现仅用于解释在相同时空条件下发生的同类现象，不做出普适的论述（universal generalization）。换言之，经典研究的任务是描述、解释和预测，而 DST 的研究则是通过描述以了解系统的结构、发展轨迹与可能浮现的新状态和新格局（pattern），并非预测具体结果。

由于秉持上述理念，DST 采用与传统经典理论不同的研究方法，即便沿用一些现存方法（大多是定性研究方法），也需经过修改调整，与 DST 的理念与原则保持一致。Larsen-Freeman & Cameron（2008）讨论了 DST 一些主要方法，如民族志（ethnography）、形成性实验（formative experiment）、行动研究（action research）、计算机建模（computer modeling）、时间序列个案法（longitudinal，case-study，time-series approach）等。在此仅介绍时间序列个案法，因为此法具有应用于本研究的潜力。首先，这种方法强调历时研究，在较长的一段时间内观察研究对象，收集数据。但是，这并非单纯地延长观察时间，需要发现和确定收集数据的最佳时机，这与系统变化周期有关，因此捕捉到系统变化的时间节点很重要，需要对系统有足够了解，方可抓住时机并决定数据收集的间隔时间（sampling intervals）。其次，基于时间序列个案的研究注重观察变异，因为变异有助于揭示系统的本质并预示系统的嬗变与发展。变异通常发生在系统的各个层面和不同的时间节点，需在设计研究时重点考虑。在二语习得研究领域，有学者采用时间序列个案法研究学习者的词汇语法发展轨迹，在三年中多次收集学习者的作文，分析词汇使用、句子结构等多项指标，绘制图表，记录发展轨迹，揭示发展规律（Verspoor *et al.*，2008；李兰霞，2011）。本研究采用时间序列个案法的总体思路，但上述语言习得中的具体数据收集和分析方法并不完全适用，所以我们沿用现存的一些后效研究方法，主要是访谈、问卷调查和课堂观察等定性研究方法，这将在下一章详细介绍。

　　作为一个新的思维范式，DST 受到一些批评。批评之一是研究结果和发现的外推力或概括性不强。在二语习得领域，研究若聚焦于详细描述个体学习者的中介语发展轨迹，其结果难以外推到整个学习者群体。de Bot *et al.*（2011）认为，从 DST 角度研究语言发展，初衷是发现个体差异如何导致不同的语言发展轨迹，研究发现自然不能外推到其他个体学习者。这样的研究可以用来支持或否定相关的理论假说，而其他个体学习者的情况又可借助这些理论来进行比较，从中找出规律。

　　就大规模考试的后效研究而言，研究结果的外推力似乎并非十分重要。假设一个研究从考生群体的角度切入，了解到他们的学习环境、目标、理念、习惯等因素如何与考试交互影响，由此得到启示，用于调整格局，促进教学，提高学习效率，如此便收到正面效应，正是后效研究的价值所在。这样的研究结果针对性强，无需也不可能外推到另一考生群体。从考试角度入手开展研究也同理。在聚焦于考试与环境和教学的交互影响时，探究这些具体的影响有助于分辨正、负能量，为考试人员提供反馈信息，而考试人员可据此做出调整，降低负能量，提升正能量，这将有益于改善考试后效，惠及考生和人才培养，其社会效益无疑是巨大的，盖因大规模考试涉及考生人数动辄几十万，甚至上千万（如高考和大学英语四、六级考试）。需要指出的是，不同的考试有不同的目的和用途，针对不同的教学、文化和社会环境，其后效理应有所不同，所以，研究结果的外推力无需过多考虑，在这点上与 DST 的理念正好吻合。不过，有效的研究框架和方法经过调整与修改，也能适用于其他考试的后效研究，助其顺利开展并取得成功。

　　参照DST理念研究后效，须了解它的局限性。DST 原本用于研究自然现象，如物理、气象等。这些自然现象的系统往往自然浮现（emergent），无人为干预。虽然某些系统或许也有人为因素，但比重较小，比如原始森林，系统包括动物要素，如人类、各种野兽、鸟类；其他要素，如土壤、空气、阳光、风雨、草木等（Larsen-Freeman & Cameron，2008）。而后效是社会现象，人的因素（human agents），如人们的互动模式和行为动机，往往起主导作用，对后效有管控能力。这是在应用 DST 时必须要注意的。

　　虽然 DST 有其局限，但它针对复杂事物或现象的动态变化，超越经典研究的思维范式，提出了新的理念和研究思路，对后效研究有重要的指导意义。下面我们从 DST 的视角重新审视考试后效，梳理以往研究和当前考试现象，深入讨论考试后效的复杂机理，为本研究做好理论铺垫。

2.2.3　后效：考试与教学及社会交互作用的结果

　　从 DST 角度审视考试后效，首先要考虑教学和考试这两个系统。教学是教育系统中的一个子系统，有相对的自身独立性与完整性。该系统涉及人员层面（human agents），主体是教师和学生，还有行政管理人员（校长、教务处长、教辅人员等）及家长。另一个层面是教学要素（elements），如教室、教学设备、教材、教学时间等。从时间角度看，教学又可分为课堂教学和课外教学，教师布置的课外作业是课堂教学的延伸，而学生周日和假期参加的培训班是学校教育的补充，所有相关人员和要素形成网络结构，通达关联，并与社会中的其他系统交互作用，共同促进学生的成长与发展。

　　考试种类繁多，每一种可视为一个考试子系统，具有不同的功能，发挥不同的作用，且与环境交互，动态演变而呈现不同的格局。校本考试是上述教学系统的子系统，满足各种教学需求。教师想了解教学的效果，学生想了解自身的学习情况，家长想了解子女的学习状况，都可借助考试提供信息。此类考试多由教师设计并实施，结构比较简单，功能相对单一。而校外的大规模考试就复杂得多，是社会巨系统的子系统，如我国的英语等级证书考试（PETS）和高考。这类考试往往结构较为复杂，功能多样，与社会大环境因素及其他子系统的互动活跃。以高考为例，该子系统包括语文、数学、英语等各个学科的考试，每个学科的考试又自成子系统，拥有不同的版本，如自命题省市的版本和全国统一考试版本，后者还包括新课标省市的版本、少数民族地区的版本等。具体到一个科目的考试，子系统要素包括考试内容、结构、题型、分值等。除了结构复杂，高考的功能也呈多样化趋势。高考成绩不仅决定考生能否上大学、上什么样的大学，还被学校用来评价教师，被上级教育部门和社会用来评价学校。

　　由于考试的多功能现象，教学、教育、社会之间便由考试关联起来，形成了一种利益诉求格局（pattern），可看成是各方利益碰撞所产生的效应，即考试后效（washback or impact）。这是一个持续变化、万花筒似的格局，各方利益诉求一致便不会产生问题，各个系统相对平衡稳定，但利益不同或发生利益冲突时，问题就会出现，各系统就会调整或重组，以便相互适应，新的格局由此浮现。例如，中学教学课程标准从未将高考和中考成绩设为教学目标，但初中三年级和高中三年级针对这些考试开展教学的现象却从未停止过。这便是教学系统与考试和社会系统交互作用的结果，因为学校要适应学生和社会的需求，帮助学生获取高分考上大学，而大学也需要根据分数录取合格的学生。另一方面，考试如果对教学产生负面效应，遭到学校质疑和社会诟病，相关考试部门也会对考试进行调整、重组以适应利益格局，争取自身系统的长期存在和发展。例如，传统的多项选择语法题曾给教学带来负面影响，已被一些大规模英语考试取缔，如新托福和我国的高考英语。

　　因为反拨效应的存在，考试可谓是教育系统与社会更大背景下各系统之间发生关联的纽带。早在20世纪，美国各州的教育部门就采用大规模标准化考试来评价教师、课程和学校，并决定教育经费的配置（Linn，2000；Nolen *et al.*，1992），考试使学校跟政府财务部门发生联系。我国的大学英语四、六级考试成绩被社会上许多用人单位当作招聘员工的指标之一，使得学校与社会单位联系起来。由经济合作与发展组织（OECD）实施的学生能力国际评价项目（PISA），通过考试和问卷形式检测各国教育水平，并将结果向全球公布，使得世界上几十个国家的教育子系统发生关联。由此可见，考试这条纽带有其特殊功能，是人类社会网络关系中的一环，其存在是由社会的需求决定的，要维系此网络，必要的考试是不能随意取消的。即便取消了一个考试，其他考试也会发展起来，填补空缺。例如，为了减负，教育部下令取消了小学毕业统一考试，斩断了小学与初中原有的一条纽带，于是其他各种考试乘机上位，取而代之。一些民办中学实施联考（张晓婷，2013），不少公办中学根据学生的社会考试成绩（如剑桥少儿英语考试）录取学生，也有的学校在录取学生时参照各种竞赛成绩和证书，如奥数分数、乐器演奏等级证书、书法证书等。有家长在自己的孩子进入初中后曾感叹，"现在好了，只需瞄准中考，不必备战各种各样的考试和证书，疲于奔命"（高，2013，个人交流）。众所周知，有关高考存在着各种争议，"有人建议取消全国统一考试，代之以各高校完全的自主招生"（参阅戴家干，2011）。该建议显然未被采纳，高考实施至今，仍无终止的迹象。究其原因，是大型考试涉及多方利益诉求，为满足这些诉求，考试便会继续下去。考试作为社会大系统网络结构中不可缺少的环节，有着顽强的生命力，有的即便对教学产生负面影响也无法被取缔。

在 DST 的框架下，上述现象可从系统的整体性和复杂性角度来理解。考试是社会系统中的一个子系统，嵌套在整体网络结构中，连着一条巨大的利益链。人们长期指责应试教育，却一直无法彻底扭转这种局面，因为此现象是社会多个子系统互动而产生的效应，是各方利益诉求的产物。只要社会需要用考试分数作出决策，分配资源，平衡利益，高风险考试就会存在，后效就会产生，应试教育就难以根除。而且，各方利益博弈能够放大考试的影响力。前文提及，在复杂系统中，促其发展变化的原因与后续结果的关系通常是非线性的（non-linear），一个小事件或许会在各个子系统内部及外部的互动中滚雪球般地升级，致使后效成倍放大。以高考英语的早期改革为例，当时引进的语法多选题在整份试卷中仅占10%，但在社会各方利益的驱动下，高三学生在备考时却要做几千道这样的选择题，教师要反复讲解各种语法规则和易犯错误（亓鲁霞，2004），后效的蝴蝶效应可见一斑。

显然，后效的源头虽然是考试，但其演变牵涉到考试、教学、教育、社会各个子系统之间的交互作用、动态推进，所形成的格局会随着各子系统的变化和子系统之间的互动而发生变化。基于此认识，下面对以往的后效研究做一反思。

2.2.4　DST 视角下的后效研究反思

前面提及，后效的主流定义一直沿用 Alderson & Wall（1993）和 Wall（1997）确立的概念（见2.1.1）。但从 DST 的角度看，无论是在社会层面，还是在教学领域，后效都不是考试单独引发的现象，而是社会、教育、教学各子系统互动的结果，体现多变量的交互作用，考试仅为后效的源头，只涉及教学和社会系统中的一个环节。因此，研究后效，需有更大的视野，从整体出发，厘清各相关子系统之间的联系，而不宜狭隘地强调考试的"指挥棒"作用和教学的所谓"被动性"，忽略考试以外的因素及其对后效形成所起的作用。

借鉴 DST 的一些理念阐释后效研究的结果，可较好地廓清一些后效表象的本质。比如，从表面上看，高风险考试具有强大的导向作用，考什么学校就教什么，怎样考就怎样教。但是有研究发现，决策者的期望后效难以实现，实际后效与期望后效相去甚远（亓鲁霞，2007；Xie，2010），所以不全是考试怎样考，学校就怎样教。教师会根据自己对考试的理解去制定教学计划和调整教学方法，更有效地提高考试分数。教师们的做法不一定反映考试所承载的期望教学理念，表明复杂系统具有非线性特征，因果关系并不是单向的。又如，纵观考试历史，后效格局不是一成不变的，而是随着时间的推移而持续变化，这与复杂系统的动态性特征吻合。由此看来，动态系统理论可将许多后效研究的分散发现进行系统整合，在 DST 统一框架下予以解释，深化我们对后效的认识。因此，DST有助于我们从一个新的角度再思考研究存在的两个主要问题：一是后效研究总体上有简单化倾向；二是对后效的动态特征认识不足。下面对这两个问题做些分析。

首先讨论第一个问题。在2.1.3节提到，研究者们虽然意识到后效问题的复杂性，但研究不够深入。究其原因，是学者们仍然秉持传统经典研究的理论与原则，将后效问题进行分解并简单化。Alderson & Wall（1993）的15个反拨效应假设把考试对教学各方面可能产生的影响分别讨论，假设考试对教学内容、方法、顺序、进度、深度、程度等直接产生影响，对所有这些因素的综合作用力研究不够，未有效揭示考试与教学各层面之间的复杂交互关系，如此研究思路反映了线性因果关系的理念。Bailey（1996，参见2.1.1）的模式用线条和箭头标示了考试后效的走向，显示考试不仅直接影响教学，也可通过其他渠道产生间接影响，如通过教材和教师对学生发生作用，与此同时，教学和教材编写等也可能反过来影响考试（模式中用虚线表示）。该模式尽管在一定程度上反映了后效的复杂性，却仍把考试放在首要位置。而实线与虚线的区别意味着考试对教育系统各部分的影响是必然的，反之却是不确定的，这同样反映了一定程度的单向线性因果关系的思维定势。黄大勇（2011）用三个模式分别解读后效的不同部分，也是分解和化简的做法。所有这些后效问题的理论探讨多半采取经典研究的套路，对后效复杂性的探讨难以深入。后效实证研究也大致循此研究思路。例如，Wall & Alderson（1993）的研究在分析了考试者的意图之后，预测并列举新英语证书的具体反拨效应，此研究路径反映了经典研究要求预测结果的特征，而研究发现却证实了实际后效具有不可预测性，反而为DST的思维范式的合理性提供了证据。虽然这些后效研究都带有经典研究思维方式的色彩，但研究的发现却可用DST的复杂性、不可预测性、因果之间非线性关系等原则来解释。若用DST的思维范式来指导后效研究，需从更高层面探究考试系统的复杂性特征，解释后效发生的规律，这是一个值得尝试的方向。

业界对考试风险（Stakes）缺乏研究，这也反映忽略后效的复杂性的倾向。多年来，相关研究都引用 Madaus（1988）的"风险"定义与解释。他用"风险"比喻考试的重要程度，高风险（high-stakes）考试是指那些在考生、教师、学校、家长眼中用于做出重大决定的考试，如我国的高考，而低风险（low-stakes）考试是指那些不会给考生带来严重后果的考试，如学校里平时进行的单元测验和摸底考试。此定义在普通教育界和语言测试界被广泛接受，是对"风险"近乎最好的解释，少见质疑和深究。尽管 Madaus（1988）的定义帮助人们意识到考试的"风险"，但这还只是对"风险"的一个比较粗略的解释，未深入揭示风险的内部组成与结构，不利于整体后效研究，因为风险的变化有可能传导至考试与教学系统的其他环节，引起后效性质的改变。考虑到考试子系统的复杂性、动态性、因果关系非单向性、放大效应等一系列特征，有必要重新审视考试风险这一概念，剖析其内部结构，以便更加深入地了解后效的形成与性质。为此，探究考试风险的构成成为本研究的内容之一。

第二个问题是对后效的动态性特征认识不足，以致后效研究领域极少有长期的历时跟踪研究。不少研究随意找个时间点，一次性收集数据，便对后效的性质仓促下结论（如李宏娟，2009），折射出研究者将后效视为静态稳固现象的观念。与此相比，采用基准研究加测后研究的设计更具说服力，两次收集数据，进行对比，在一定程度上捕捉到变化，彰显后效的动态本质，（参阅2.1.2节Wall & Alderson，1993，以及Wall & Horak 2006；2007；2008的研究）。从 Alderson 和 Wall 对后效的理论探究和实证研究来看，他们已经意识到后效的复杂特征，所以多次收集数据，在有限范围开展了历时研究，特别是 Wall & Horak（2006；2007）的研究。此外，他们在呼吁确定考试与教学的因果关系的同时，也强调不可忽视其他变量，如教师、学校，以及社会因素（Wall，1996）。因此，我们认为有必要拓展他们的研究，在 DST 理念的指引下，收集基准数据，增加测后数据收集的次数。只有在合适的时间节点多次收集数据，加以分析，才有可能捕捉到系统的变化，揭示后效的发展轨迹及其动态本质。

　　从上述讨论可知，迄今后效研究大多在经典研究框架下开展，虽然取得了长足进展，但在全面深刻揭示后效复杂性和动态特征方面仍有欠缺。而 DST 带来的启示为我们弥补过去的研究不足、开拓后效研究的新局面、拓展研究方向具有深远的意义。因此，本研究尝试借鉴 DST 的理念，从一个新的角度审视和观察考试与教学和社会的关系，通过长期追踪调查，及时捕捉考试后效的变化，使我国的中小学英语科目的监测工作能够持续顺利地开展下去。

第三章
研究设计与方法

本研究遵循 DST 思维范式，将后效视为考试、教学以及社会巨系统之间互动的结果（参阅2.2.3）。研究设计从整体着眼，范围涉及英语科监测系统和小学四年级及初中二年级的英语教学系统。在监测系统层面，研究的关键切入点是系统的风险构成和设计者的期望后效，考试风险是后效的源头，而具体期望后效则可作参照，与将来的实际后效比对，用以揭示正面和负面效应。在教学系统层面，调查的目的是描述小学四年级和初中二年级的英语教学现状，确立参照点，为后续跟踪研究做好铺垫。研究采用时间序列个案法，将英语科监测系统对教学的影响看成一个大型个案，进行长期跟踪，因而必须确定收集数据的最佳时间节点，以便观察系统的历时变化，揭示系统发展的本质。数据收集将多次进行，时间定在监测系统建立之前和之初以及每次实施监测的前后一个月内，与此同时，收集与监测相关的其他教育和社会信息。这样获得的数据可从多个角度分析，可对比监测系统建立之初和数年之后的风险构成，对比监测实施前后的教学现状，对比期望后效和实际后效等，据此了解监测与教学的交互作用，了解监测与教育和社会的互动格局，最终勾勒出后效发展变化的轨迹。在此过程中，一旦观察到负面后效，可及时向决策部门提供信息，以便采取应对措施，抑制不良后效，保证监测工作顺利进行。本研究的具体任务是制定方案、开发研究工具、收集并分析基准数据，为后续长期研究打好基础。

3.1 研究总设计

本研究探讨的主要问题是，英语科监测系统会否产生后效。要回答此问题，需开展长期的后效跟踪研究。本研究属第一阶段的基准研究，具体探究三个问题：1）英语科监测系统有怎样的风险构成和期望后效？2）小学四年级英语教学的现状是什么？3）初中二年级英语教学的现状是什么？这三个问题分别由三项子课题来回答（参阅表1）。

表1 研究设计

子课题与研究问题	数据来源	数据收集方法	数据分析
子课题1 英语科监测系统有怎样的风险构成和期望后效？	相关文献 英语科监测系统的设计者 小学四年级和初中二年级教师与学生	文献检索 参与者观察，访谈，问卷调查	研读，综合分析 赋码，统计分析
子课题2 小学四年级英语教学的现状是什么？	相关文件 小学四年级教师与学生	访谈，课堂观察，问卷调查，相关教学资料收集	赋码，统计分析
子课题3 初中二年级英语教学的现状是什么？	相关文件 初中二年级教师与学生	访谈，课堂观察，问卷调查，相关教学资料收集	赋码，统计分析

子课题1集中剖析英语科监测系统的风险构成和期望后效。根据DST的理念，任何社会子系统都具有开放性和动态性特征，不断地与其他系统和环境交互作用，置换信息，相互制约，发展演变。测评系统也不例外。系统的开放性特征说明，监测系统的风险构成不由决策人或设计者单独决定，而由所有涉考群体的互动促成。Madaus（1988）对考试风险的定义符合这一理念。前文提及，他认为那些在考生、教师、学校、家长眼中用于做出重大决定的考试属于"高风险"（high-stakes）考试。此定义包含两个关键概念：一是考试用途（即考试成绩"用于做出重大决定"）；二是涉考者群体。我们将针对这两个关键因素探究考试风险。研究分两步进行。首先检索后效研究文献，对国内外大规模考试的风险构成及其与后效的关系进行分析，揭示其本质及运行规律，为英语科监测系统的风险研究提供借鉴。基于第一步的研究成果，接下去将调研监测系统的现状，描述其当下风险的构成（含监测结果的用途和涉考群体），并收集数据，用以探究涉考群体对监测的了解与态度。在开展上述调研的同时，还需采集期望后效数据，主要调查监测系统的设计者对相关教学的看法，包括监测对教学会否产生

影响、会产生何种影响。调查所获得的期望后效结论将成为评价实际后效的参照标准。上述调研结果是子课题1的最终成果，反映英语科监测系统初始阶段的潜在后效格局，包括风险构成、涉考者对监测的态度和设计者的期望后效。

　　子课题2旨在调查小学四年级英语教学现状。从 DST 理论的视角看，小学四年级英语教学是一个完整的子系统，涉及人员因素和非人员因素，前者包括教师和学生，后者主要指设备、教学材料及时间安排。人员起主导作用，是研究的重点。调查主要了解他们的行为动机与模式，包括了解他们的教学目标、教学信念及教学活动。由于教学目标由教育部统一规定，小学英语教学大纲和课程标准也不可忽略。因此，此子课题的调查范围包括：小学英语教学大纲和课程标准对教学的要求，教师和学生的教学及学习理念，教学内容和方法，教学时间安排，课内外活动，测试与评估，教材和设备的使用。对英语教学现状的调查结果将作为基准数据，为后续研究提供参照。为此，收集数据须在英语监测系统启用之前和实施初期进行，以明确当时的教学格局，便于确立定点学校，定期收集数据，绘制小学四年级英语教学变化的轨迹图，并据此观察监测系统对教学的影响。子课题3的目标和方法与子课题2相同，区别仅在于调查对象和数据来源的不同，全部数据在初中二年级收集。

　　三项子课题的研究需在不同的时间和地点开展，但部分数据可以同时收集，下面报告数据收集方法与所用工具。

3.2 研究方法和数据收集工具

　　本研究采用的主要方法有访谈、课堂观察、问卷调查以及文件资料分析。前边提及，子课题1分两步进行，第一步剖析考试风险以及风险与后效之间的关系，此部分通过研读和分析相关文献去完成，无田野调查，此谓"基于图书馆资料的研究"（library research）。第二步涉及三项任务：第一项任务是充分利用第一步的研究结果，探究英语科监测系统的风险构成。第二项任务是调查涉考者对监测的态度，采用访谈和问卷方式，相关访谈问题见附录1。问卷调查分两轮进行。第一轮采用的问卷称作"涉考者对监测的态度"（问卷1），含两部分，各6个题项。第一部分了解教师的性别、年龄、学历、所学专业、教龄等背景信息，调查采用选择题；第二部分调查教师对监测的了解与态度，要求简短作答，其中一题要求教师回答何时、通过什么途径得知学生将接受英语科的质量监测。其余5题问及监测是否带来压力、是否有必要、是否在目前和将来帮助学生进行测前准备和如何准备，还问及英语科监测应该考查什么内容（见附录2）。小学四年级和初中二年级教师共用一份问卷。第二轮调查采用的问卷主要用于收集教学现状数据，称为"英语教学现状"（问卷2），其中6个条目考查师生对监测的态度。前3条涉及师生对英语科监测系统的了解，后3条涉及态度（见附录2）。这些条目基于第一轮问卷调查的结果，目的是在更大的范围内收集数据，扩大调查结果的代表性。第三项任务是了解监测系统设计者的期望后效，主要采用参与者观察的方法收集数据。该方法的优势是观察者具有双重身份，既是参与者又是观察者。作为参与者，可在工作和其他相关活动中随时收据数据，向有关人员提问，了解相关问题（陈向明，2000）。此法还便于收集相关文件资料（如监测系统框架指标体系和监测手册），用于分析。

　　子课题2和3主要采用文件分析、访谈、课堂观察、问卷调查等方法，在中小学师生中收集数据，了解学校英语教学现状。文件分析所收集的是教学中的相关资料，如中小学英语教学大纲、英语课程标准、英语课本、英语测试卷等。访谈根据提纲进行，先问教师的教育背景，教学经验等个人情况，然后请他们回答如何上课等较为间接的问题，由此获取教学现状各个层面的信息（见附录1）。课堂观察依据记录表开展，该表简单明了，除了记录课堂的基本信息如时间、人数等，主要记录课堂活动以及观察人的评论（见附录4）。问卷调查使用英语教学现状问卷，分小学四年级教师版，初中二年级教师版和初中二年级学生版（见附录2）。考虑到小学四年级学生的年纪尚小，回答问卷时对条目易出现理解偏差，对平时的教学也不一定理解，故未向他们收集问卷数据。小学四年级教师版问卷共有三部分58个条目。第一部分20个条目，包括正误题、单选题和多选题，其中10题了解教师的背景，如学历、所在学校类型、教学经验等，另外10题涉及教学材料、教学工具和测试与评价。第二部分32题，旨在了解课堂教学活动、家庭作业，以及教师的教学观念。第三部分的6个条目问及教师对英语科监测的了解程度和态度，所收集到的信息用于回答子课题1的问题。初中二年级教师版问卷基于小学四年级教师版，绝大部分条目与其共享，不同的是增加了4个条目，调查初中毕业英语统一考试（简称中考）对教学的影响。初中二年级学生版问卷共58道题，也分为三部分，调查内容与初中二年级教师版相同，区别仅在于从学生角度提问。例如，第二部分第6题问及英语学习观念，而教师版的相应6题问及教学观念（见附录2）。

上述数据收集工具的开发分5步进行。第一，研读教学大纲和课标，了解教育部对中小学英语教学的要求。第二，根据第一步的结果，充分考虑教学系统人员因素和非人员因素的作用，编制访谈大纲和课堂观察记录表，指导数据收集。课题组成员分别起草访谈提纲和课堂观察记录表，然后汇总并经过讨论后定稿。第三，试用访谈提纲和课堂观察记录表。在一所小学和一所中学采访了三名小学教师、一名中学教师、一名小学生和一名中学生，观察一节小学四年级英语课和一节初中二年级英语课。基于这样的采访和观察，对访谈提纲和课堂观察记录表再进行讨论并加以改进。第四，根据访谈和课堂观察的初步分析结果，课题组成员分别起草监测态度问卷和英语教学现状问卷，然后讨论定稿。第五，邀请教师和学生试做问卷，根据他们的意见进行修改并简化问卷。例如，学生版问卷原有76道题，试做后发现题目过多，容易导致答卷人疲倦，经讨论后挑选并保留较有代表性的条目，将问卷缩短至58题。后来的数据分析表明，问卷具有较高的信度和效度（见3.4）。

3.3 数据来源与收集方法

本研究的数据主要来源于英语科监测系统的设计者和中小学师生。子课题1探讨英语科监测系统的风险构成以及师生对监测的态度和期望后效。数据首先在教育部基础教育质量监测中心收集。本课题负责人与另外两名成员参与了英语科监测系统的开发和设计，这为采用参与者观察的方法收集数据提供了便利。具体做法是，在英语科监测工作会议上，随时记录有关后效的信息。这样的会议共观察了三次，每次参会人数不等，观察到的设计者总共有12人，他们的会议发言都留有录音。为了验证和补充参与者所观察和了解到的信息，课题组成员还收集了相关的文件资料，在每次会议之后放在一起整理保管。

子课题2和3的数据主要来自中小学教师和学生。访谈和课堂观察于2010年6月至2011年11月进行，调研五次，数据在三个省的五个城市收集。首次调研在监测开始实施的前一年进行，地点在广州市的一所小学和一所中学，主要目的是试用数据收集工具，因访谈数据的信息颇丰，我们将其纳入正式数据，供分析使用。第二次调研发生在监测实施前三个月，地点是江西省赣州市的三所小学和两所中学。第三次调研于监测实施前三天在柳州市的三所小学和两所中学开展。第四次与第三次调研的学校相同，时间是监测实施后的两个月。在同一批学校收集数据，有助于跟将来收集的数据作对比，揭示后效演变的轨迹。第五次调研在广西北流市的一所小学和一所中学开展。上述学校包括市区普通学校、城乡结合部普通学校、重点中小学和民办外语学校，有较好的代表性。五次调研共进行了49次访谈，观察了52节英语课。每次访谈时间从16分40秒至65分25秒不等，在征得教师和学生的同意后全程录音。每次课堂观察在获得教师同意之后进行了录音或录像，因有一部分教师仅同意录音，他们的课堂观察未录像。我们将五次收集到的数据一起分析，概括出监测实施之前和之初这段时间里小学四年级和初中二年级的英语教学现状。

为了验证访谈和课堂观察所得到的信息，并扩大数据的代表性，我们使用调查问卷在更大的范围内再次收集数据。先是用问卷1调查教师对英语监测的态度（见3.2）。调查在柳州市某区的监测样本学校进行，时间是2011年9月英语科质量监测的当天，教师们在填写完监测问卷之后，接下去填写我们发放的监测态度问卷。参加监测的学校和教师均由教育部监测中心随机抽出，我们在此基础上随机抽取了10所小学和5所中学，邀请当天参加监测的教师填写问卷1，收到16名小学四年级教师和22名初中二年级教师的答卷，回收率为100%。

问卷2主要用于调查小学四年级和初中二年级英语教学现状（见3.2），在2012年5月至9月通过人工收集和利用问卷星在互联网上完成。教师问卷调查经由广东和广西两省区的省区英语教研员传达至两省区共6个市的市英语教研员，分别动员各市的小学四年级和初中二年级英语教师自愿上网填写。两省区共864名小学四年级教师和1,224名初中二年级教师上网完成了问卷填写，均为有效问卷。问卷星要求填写人必须完成全部条目才能提交答卷，若未完成，网络自动提醒漏填条目。学生问卷分别在广州市和湛江市收集，由市教研员组织完成。广州市共有303名学生在网上完成问卷，有效率100%，另有221名学生由教师组织在学校完成纸质问卷填写。湛江市的问卷调查全部由教师组织，均在学校完成纸质问卷填写，收到问卷514份。在两个市共收到学生问卷1,067份，其中29份因未达到要求而被剔除。例如，有的问卷的三分之一题目未做，有的连续选择同一选项达10题之多，被视为无效答卷。本文报告的数字指用于分析的有效答卷数目。数据收集的程序与指令语见附录3。

为本研究题提供数据的人员总数列于表2，在本报告的第四、五、六章，引用数据来源时，按常规做法，采用匿名的方式。

表2　参与课题人员

人员类别	人数	参与方式
英语科监测系统的设计者	12	接受参与者观察
小学四年级教师	12 16 864	接受访谈与课堂观察 填写问卷1 填写问卷2
小学四年级学生	11	接受访谈
初中二年级教师	9 22 1,224	接受访谈与课堂观察 填写问卷1 填写问卷2
初中二年级学生	7 1,038	接受访谈 填写问卷2
总计	3,215	

3.4 数据分析

本研究采用多种方法收集数据，下面针对每种不同的方法，分别报告数据分析方法和程序。

3.4.1　参与者观察

通过参与者观察的方法所获得的数据包括：三次监测工作会议录音，所有会议中和平时交谈中有关监测后效的笔记，所收集到的有关监测的文件资料，如2011年9月全国英语科监测质量监测手册，监测中心官方网站对各科监测的报道等。分析分两步进行。首先根据相关文献找出一些涉及后效的关键词，如"对教学的影响"、"高考指挥棒"、"冲击教学"。然后反复研读有关文件资料和笔记，并且从头至尾聆听会议录音，根据关键词找出相关信息，并进行综合分析，得出英语科监测系统的风险构成和期望后效，这些信息将在第四章讨论。

3.4.2　访谈数据

对访谈数据的处理主要是录音转写和描述型赋码（descriptive coding 参阅 Miles & Huberman, 1994）。先将录制的音频材料转写成文字。这项工作邀请大学本科生和硕士研究生完成，每人单独转写，然后两人一组，对照录音交叉检查并修改转写稿，最后定稿。赋码借助分析软件 WinMax（Kuckartz，1998）。分析员首先阅读转写后的访谈文字材料，然后根据赋码标准（coding scheme），逐句赋码。赋码标准包括教学目标、教学活动、所用教材等类别。在赋码过程中，若发现数据中有超出赋码标准而又与教学现状相关的信息，就在赋码标准中增加类别。例如，访谈中数位教师反映，家长重视对学生学好英语有极大的促进作用，于是便增加一个赋码类别，取名为"家长的作用"。附录5显示用 WinMax 软件赋码的实例。访谈数据的分析结果反映教学现状的不同层面，包括教学时间安排，所用教学材料，主要教学活动，教师的教学理念，学生的学习理念，测试类型和频率，考试对教学的影响等，这在第五、六章讨论。

3.4.3 课堂观察数据

课堂观察数据包括课堂录像、录音和课堂观察记录表，分析此类数据的主要目的是准确了解教学活动以及教学材料和设备，同时验证相关访谈数据。先根据观察记录表统计观察到的课堂活动种类，然后重点分析其中的8节课。分析步骤如下：1）根据访谈结果整理出课堂观察分析框架，列表待用；2）课题组成员观看课堂录像，参照当时的观察记录，在分析框架表中相应的位置记录各种活动及其持续时间（见附录6）；3）在此基础上对两节课进行更为详细的分析，不仅记录各种教学活动以及每种活动持续的时间，还用文字加以描述。此部分结果在第五、六章讨论。

3.4.4 问卷数据

本研究设计了两份问卷，以此收集数据，答卷分别统计分析。师生的监测态度问卷采用开放式条目，接受调查的38位教师提供手写答案。每位教师的答案被录入电脑，存于Excel文件，然后经过校对修订，确保无误。对答案进行分类整理和综合分析，得出38位教师的总体态度，结果在第四章报告。

反映英语教学现状的问卷主要采用选择题，大部分数据通过问卷星从网上收集，小部分用纸质问卷收集。网上数据直接下载为Excel文件。对于纸质问卷收集的数据，首先检查每份答卷是否完整，剔除无效答卷，然后人工录入到Excel文档中，并校对修订。最后将网上答卷和纸质答卷的数据全部读入统计软件SPSS，得到两个数据库：小学四年级英语教学现状问卷数据库和初中二年级英语教学现状问卷数据库，后者包括教师数据和学生数据。以教师卷为基础呈示分析结果。例如，根据教师卷的编号列举具体条目，学生的数据也根据相应的教师卷编号录入。数据库建立之后，先做"数据清洗"（data clean）。计算出全部数据的最小值和最大值，或将数据降序排列，藉此发现人工录入可能产生的错误。例如，采用5级量表的条目，数值应是1至5，如发现6或以上的数值，说明录入有误，找出原始问卷，便可发现并纠正错误。数据分析用SPSS软件分两步进行，先对采用1-5分量表的条目做信度和效度分析，检验问卷质量，然后根据研究需要，进行频次、均值、T-检验等统计分析。需要说明的是，虽然有关师生监测态度的6个条目也用1-5分量表，但内容不属于教学现状调查的范围，故单独计算频次，不与上述条目一起分析。分析结果将在第四章讨论。

信度分析结果表明，两份问卷的信度较高，初中二年级卷为.89，小学四年级卷为.90（Cronbach's Alpha）。效度验证采用因子分析，取因子载荷系数大于.4的条目，结果列于表3和表4。

表3　小学四年级英语教学现状问卷数据因子分析结果

条　目	因　素									
	1	2	3	4	5	6	7	8	9	10
16-2 课上小组自由讨论	.50									
16-7 课上看电影动画片段	.72									
17-2 课后听对话和小故事	.67									
17-3 课后看动画片	.81									
17-6 课后看故事和短文	.75									
18-2 应该看和听故事		.57								
18-5 应该用英语简单交流		.73								
18-6 应看英语动画和电视		.71								
19-4 为在生活中运用英语		.74								
19-6 为与他国人交流		.73								
16-3 课上唱英语歌			.56							

（待续）

（续表）

条 目	因 素									
	1	2	3	4	5	6	7	8	9	10
16-5 课上配动作操练			.72							
16-6 课上配图操练			.63							
16-9 课上角色扮演			.59							
16-11 课上对话交换真实信息			.49							
14 区市统考影响教学				.41						
20-1 训练统考题型				.80						
20-2 提醒统考内容				.83						
20-3 统考考前训练				.84						
19-1 为获取文凭					.66					
19-2 为找到好工作					.87					
19-3 为出国留学或工作					.75					
19-5 为中考高考取得好成绩					.54					
15-1 考词汇						.78				
15-3 考听						.75				
15-6 考写						.54				
16-4 课上读单词造句配汉语							.57			
18-1 应该学好基础词汇							.6			
18-3 看英语时应记得汉语意思							.76			
18-4 应学好基本语法知识							.53			
15-2 考语法								.65		
16-8 课上老师讲语法								.80		
17-4 课后做语法词汇题								.67		
16-10 课上听写单词短语									.63	
17-1 课后抄背单词短语									.62	
17-5 课后抄背句子课文									.68	
15-4 考读										.86
15-5 考说										.86

　　因子分析结果表明，小学四年级英语教学现状问卷中的38个5级量表条目可析出十个主要因子。因子1代表运用型英语学习活动，五个相关条目均聚于此因子之下。因子2代表交际性目标加期望行动，此因子下的两个条目（19-4和19-6）反映了学英语的交际性目标，即为了与说英语的外国人交流而学英语；另外三项代表与此目标相匹配的学习观念，即通过运用学习英语（18-2，18-5，18-6），我们称之为期望行动1。因子3被称为兴趣型操练，聚在该因子下面的五项均为课堂活动，这些活动主要基于英语课本，用于操练单词短语和句型，均有一定的趣味性。第16-11项的"课上师生对话交换真实信息"也被归类于此因子，主要原因可能是，由于小学四年级学生英语有限，所谓交换真实信息，只不过是就一些已知信息（如名字、年龄等）进行简单对话，与趣味性操练相似，而不是运用型活动。因子4关涉到区或市的英语统一考试对教学的影响，相应的四个条目全部聚在此因子之下，可称为"考试后效"。因子5下面也有四个条目，意含学习英语是为了获取文凭或找到工作，可视为英语学习的工具性目标。因子6代表小学四年级英语测试中各项内容出现的频率，下属三个条目涉及听、写以及词汇考查的频率。因子7代表重视知识的学习观，该因子下含三个条目，涉及教师注重基础词汇和语法以及汉语的辅助作用（18-1，18-3，18-4），另一个条目（16-4）代表课堂上使用汉语辅助的做法，也聚在此因子下，反映教师的观念与实际做法之间的关联。因子8代表语法学习，其中两个条目（16-8，17-4）涉及课内课外的语法学习活动，另外一个条目涉及对语法的考查（15-2）。因子9代表英语学习中的机械操练，下属的三项均为课内课外的机械学习活动。因子10代表读和写的考查频率。

　　需要指出的是，问卷从答题者的角度将题目归类，如课堂活动条目与课外活动条目分属两大题，另外一大题属于教学观念类别（见附录2）。因子分析结果打乱了原来的分类，将这些条目重组在不同的因子下。从上述简单论述可以看出，因子分析得出的结果揭示了条目之间更深层次的联系。例如，涉及交际型学习目标和应做的运用型活动聚集在一起（见因子2），说明在教师们的观念中，特定的学习目标要有与之相匹配的学习活动。再如，涉及课内外语法学习和考查语法知识的条目聚集在因子8之下，说明语法操练和考查有着内在的联系。由此可见，问卷效度较高，统计结果有助于我们较好地了解小学四年级英语教学的部分现状，访谈和课堂观察所获得的信息是有效的补充。下面再来看初中二年级英语教学现状问卷的因子分析结果。

表 4　初中二年级英语教学现状问卷数据因子分析结果

条　目	因　素									
	1	2	3	4	5	6	7	8	9	10
16-2 课上小组自由讨论	.70									
16-3 课上唱英语歌	.77									
16-5 课上配动作操练	.75									
16-7 课上看电影动画片段	.75									
16-9 课上角色扮演	.71									
16-11 课上对话交换真实信息	.72									
17-2 课后听对话和小故事	.77									
17-3 课后看动画片	.54									
17-6 课后看故事和短文	.72									
15-6 考写		.62								
16-1 课上朗读单词		.42								
16-4 课上读单词造句配汉语		.71								
16-6 课上配图操练		.52								
16-8 课上老师讲语法		.80								
16-10 课上听写单词短语		.58								
17-4 课后做语法词汇题		.78								
19-1 应该学好基础词汇		.68								
21-1 训练统考题型			.53							
21-2 提醒统考内容			.71							
21-3 统考考前训练			.71							
22-1 训练中考题型			.82							
22-2 提醒中考内容			.82							
22-3 做中考模拟题			.77							
19-2 应该看和听故事				.73						
19-3 看英语时应记得汉语意思				.69						
19-4 应学好基本语法知识				.49						
19-5 应该用英语简单交流				.70						

（待续）

（续表）

条　目	因　素									
	1	2	3	4	5	6	7	8	9	10
19-6 应看英语动画和电视				.70						
20-2 为找到好工作					.67					
20-3 为出国留学或工作					.82					
20-4 为在生活中运用英语					.66					
20-6 为与他国人交流					.67					
15-1 考词汇						.71				
15-2 考语法						.77				
15-3 考听						.66				
15-4 考读							.83			
15-5 考说							.76			
14 区市统考影响教学								.78		
25 中考影响教学								.81		
20-1 为获取文凭									.82	
20-5 为中考和高考取得好成绩									.54	
17-1 课后抄背单词短语										.71
17-5 课后抄背句子课文										.79

　　从表4得知，初中二年级英语教学现状问卷中有43个5级量表条目，从中可以析出十个主要因子。因子1代表运用型英语学习活动，课上课后活动的相关条目均聚于此因子下，共9项。因子2代表语言知识操练，涉及课内外针对语法和词汇所开展的机械操练，共6项（16-1，16-4，16-6，16-8，16-10，17-4），可称为机械操练1。该因子下的另外两项不属于教学活动（15-6，19-1），下一步计算因子得分时不计入其中。因子3代表考试对教学的影响，共6项。因子4代表教学信念，可称作期望行动，相应的5个条目均聚集在此因子之下，表明教师和学生都认为，学好语法知识和在运用中学习都是必须的英语学习活动。不过，原本设计测量这一信念的另一条目"应该学好基础词汇"却聚到了因子2下面，难以解释，只好将其删除，不纳入下一步因子得分的计算。因子5下面的四个条目反映

学英语的交际型目标加工具型目标，可通称为实用性学习目标。因子6和因子7代表英语测试中各种技能和知识的考查频率，前者包括听、词汇、及语法的考查频率，共三个条目，后者代表读和说的考查频率，两个条目，说明前三项和后两项的频率的确不同，所以分属不同的因子。因子8与因子3一样，代表考试对教学的影响（即考试后效），区别在于，因子3下属的6个条目反映了教学中针对考试做出的反应，而因子8则反映师生对后效的感受，因子3可称作后效1，因子8可称作后效2。因子9代表学业性英语学习目标，因为中学毕业文凭可以证明一个人所受教育的程度，而在中考和高考中取得高分是进入高等学校就读的前提。因子10下属的两个条目代表课后抄写和背诵单词、短语及课文，可称为机械操练2。

对于上述因子分析结果，有两点需要说明。其一，因子分析结果总体上支持小学四年级和初中二年级教学现状问卷的效度，但问卷中个别条目的表现不易解释，如初中二年级问卷中"考写"未归到代表测试频率的因子6和因子7，而聚集在代表语言知识型操练的因子2，似不合逻辑。这类条目将不用于进一步分析。其二，小学四年级和初中二年级问卷的因子分析结果有一些差异，但无需专门比较，因为本研究分别观察两个年级的情况，所收集的基准数据只供今后各年级进行前后比较，了解各自的变化。

至此，我们对问卷数据进行了信度、效度验证，进行了频次、均值等描述性分析，还计算出因子得分，用于T-检验，最终结果将在本书的后三章讨论，下面仅报告问卷填写者的背景数据（见表5至表8）。

表5　填写问卷1的中小学教师情况（%）

性别	专业	年龄	学历	教龄	教小四或初二的次数
男 5.4	英语 94.6	25岁及以下 10.8	师范类中专 2.7	1年 2.7	1次 27
女 94.6	非英语 5.4	26-35 54.1	师范类大专 13.5	1-3年 21.6	2次 16.2
		36-45 24.3	非师范类大专 2.7	4-5年 5.4	3次 10.8
		46-55 10.8	师范类本科 62.2	6年及以上 70.3	4次 16.2
			非师范类本科 18.9		5次 29.7

填写问卷1的中小教师共38人，从表5可以看出，女教师明显多于男教师，绝大多数教师是英语专业的毕业生，年龄分布较好，26至35岁的教师最多，其余年龄段分布较为均匀，大多数教师具有大学本科学历，其中不少毕业于师范院校，而且大部分具有6年以上的教龄，并不止一次担任过小学四年级或初中二年级的英语教学，说明有较丰富的教学经验。

表6 填写问卷2的小学四年级教师情况（%）

性别	年龄	专业	非英语专业教师接受培训的时间	学校类别	教龄	学历
男 9.4	25岁以下 7.5	英语 80.6	从未接受过培训 15.1	民办小学 5.9	不到1年 6.3	师范类中专 1.6
女 90.6	25-34 62	非英语 19.4	累计1-3个月 33.9	民办公助小学 0.7	1-5年 27.7	非师范类中专 0.1
	35-44 25.7		累计4-6个月 10.8	普通公立小学 50.5	6-10年 27.2	师范类大专 23.8
	45-54 4.5		累计7-9个月 6.5	市级公立小学 28.8	11-15 25.1	非师范类大专 2.9
	55-60 0.2		累计10个月-1年 12.9	省级公立小学 14.1	16-20 10.6	师范类本科 55.2
			累计一年以上 21		21年以上 3.1	非师范类本科 14
						硕士 1.6
						其他 0.7

完成问卷2的小学四年级教师共864人（见表6），其中绝大部分是女教师，年龄在25至54岁之间。大多数毕业于英语专业。非英语专业毕业的教师占19.4%，其中大部分接受过一定时间的专业培训。他们的学历从中专到硕士不等，大部分具有师范大专和本科学历，教龄在6年以上的居多，来自不同类别的学校，有较好的代表性。

表 7　填写问卷2的初中二年级教师情况（%）

性别	年龄	专业	非英语专业教师接受培训的时间	学校类别	教龄	学历
男 19	25岁以下 3	英语 94.7	从未接受过培训 13	民办中学 7.5	不到1年 1.6	师范类中专 0.2
女 81	25-34 45.4	非英语 5.3	累计1-3个月 19.5	民办公助中学 3.3	1-5年 17.3	非师范类中专 0.3
	35-44 38.9		累计4-6个月 9.8	普通公立中学 48.6	6-10年 26.5	师范类大专 6.6
	45-54 12.2		累计7-9个月 9.8	市一级公立中学 28.4	11-15 22	非师范类大专 0.5
	55-60 0.5		累计10个月-1年 22	省一级公立中学 12.2	16-20 17	师范类本科 81.4
			累计一年以上 26		21年以上 15.7	非师范类本科 7.4
						硕士 3.1
						其他 0.6

　　完成问卷2的初中二年级教师共1,224人，基本情况与小学四年级教师相似，大部分是女教师，年龄在25至54岁之间，绝大多数毕业于英语专业，毕业于非英语专业的教师仅占5.3%，其中大部分接受过一定时间的专业培训。他们的学历从中专到硕士不等，师范类本科毕业生最多，占81.4%，大多数有6年以上的教龄，来自不同类别的学校，代表性较强。

　　最后报告教师和学生在现实生活中运用英语交流的情况。从常识推理，该因素对教学理念和实践应有一定影响，因为具有英语实际交流能力的人理应倾向于赞成在运用中学习英语的观念。问卷2中有三个条目用于了解师生在现实生活、工作和学习中是否有机会运用英语，结果见表8。

表 8　教师和学生在现实生活中使用英语交流的频率（%）

条目	从来没有	很少	有时	经常	很频繁
您在生活和工作环境中与外国人用英语面对面交流吗？	32.2	45.3	18.4	3.1	0.8
您通过电子邮件或电话与外国人用英语交流吗？	49.7	34.1	13.5	2.1	0.5
	从来没有	3个月以内	6个月以内	9个月以内	1年及以上
您是否在英语为母语的国家学习或生活过？多长时间？	91	7.8	0.7	0.1	0.4

　　从表8来看，虽然我国已经开放多年，不少外国人在中国工作和生活，一些中小学也聘用了外籍教师，国人出国的机会越来越多，但在填写问卷的教师和学生中，有机会在实际生活中使用英语者占比极小。缺乏英语交际使用的真实体验，对英语教学和学习有不利影响。这可能是不少人把孤立背单词和学语法作为学习重点的原因之一。

　　综上，本研究采用多种方法收集数据。尽管文件资料分析法、访谈、课堂观察等均为定性研究，数据分析主观性较强，但几种方法并用，可相互印证、相互补充，起到三角验证的作用（triangulation，陈向明，2000），可提高研究结果的可信度。此章提供的数据用于分析并回答所提出的研究问题，在下面各章报告研究的结果。

第四章
考试风险与期望后效（子课题1）

本章报告子课题1的研究结果，先分析考试风险的构成和风险与后效的关系，再探究英语科监测系统的风险来源，最后讨论设计者的期望后效以及考试风险与期望后效之间的冲突。

4.1 考试系统的风险构成及变化

受Madaus（1988）有关考试风险定义的启发，本课题针对考试风险的来源问题，着重剖析考试结果用途和核心涉考群体这两个构成考试风险的要素。用途可分为原本用途和附加用途，前者与考试的初衷和目的一致，后者往往偏离考试目的，甚至违背考试初衷，有学者称之为考试滥用或误用（杨惠中、桂诗春，2007）。核心涉考群体与考试用途密切相关，如果考试结果的使用直接影响到一个群体的利益，这个群体便是核心涉考群体。以高考为例，考试结果如果仅用于决定高校招生，核心涉考群体就是考生和家长，如果还用于评价教师和学校，教师和学校管理人员也成为核心涉考群体。一个考试的用途和核心涉考群体越多，其风险就越高，后效也越大。下面从这两个因素切入，分析一些相关考试。

在表9中列举了一些大规模考试的风险等级、核心涉考群体及用途。风险等级依据核心涉考群体的多寡划分，用途包括原本用途和附加用途。

表 9　不同考试的风险等级

考试	风险等级	核心涉考群体和考试用途				
		考生	教师	学校管理人员	教育系统管理人员	国家领导人
以色列的阿拉伯语考试	0	促学	促教			
Bogazici 大学的英语考试	1	选拔				
托福、雅思	3	选拔	评价	评价		
中国高考	4	选拔	评价	评价	评价	
美国各州的标准化考试	4	评价	评价	评价	评价	
PISA 的纸笔考试	1					评价

　　列在首位的阿拉伯语考试属于低风险考试，因为考试成绩无甚后果。该考试由以色列教育部推出，旨在促学促教，激励中学生认真学习阿拉伯语，考试结果不用于任何涉及学生或教师的决定，因而无风险且后效弱。在进行改革时，考试对教学未产生任何影响（Shohamy 等，1996）。接下来的是土耳其 Bogazici 大学的英语考试，属于风险较高的选拔性考试。该校用英语授课，新生入学后，必须先在附设的外语学校接受英语培训并通过考试，才能正式开始大学学业，考试不合格者，将转到排名较低的其他大学就读（Hughes，1988）。不过，考试结果只影响学生，不用于评价教师和学校，核心涉考群体只有一个，风险等级因此相对较低。再接下来的是用于选拔的托福和雅思考试，成绩不但直接影响考生的利益，同时也影响培训学校和教师，因为他们的生存和发展有赖于经过他们培训的学生能否考取高分。此类培训机构属于民办性质，学生成绩的好坏虽然影响学校的管理者，却不影响国家教育系统的管理人员，所以这两个考试在我国的风险等级不及高考。在我国所有的考试中，风险等级最高者，非高考莫属，因为高考成绩不但影响考生的前途，还被社会和上级部门用来评价教师、学校以及各级教育部门的相关管理人员（亓鲁霞，2004）。在此需说明，考试风险等级可以根据核心涉考群体的多寡划分，但也有其动态特征，国际上也有核心涉考群体不多、但风险不低的考试，如 PISA 国际监测项目（参阅 1.2）。其纸笔考试不报告个体学生的成绩，而以平均分的形式报告各国参考学生的整体成绩。虽然此结果对学生和教师均无影响，但由于排名公开，而排名是一种评价，是国际上衡量各国基础教育质量的一个指标，这对各国领导人而言却是高风险

考试。关于考试风险的动态性在下面提及。

在表9中列在第五位的美国各州标准化考试是高风险考试的典型代表，反映了考试、教育以及社会动态系统之间的交互联系，对本研究有重要启示，在此稍加讨论。早在20世纪70年代，美国制定了基于标准和评估的教育问责制（standard and assessment based accountability，详见Amrein & Berliner，2002），至21世纪初，全美已有45个州建立了这样的问责制。实行问责制的思路是，首先建立标准，再依据标准设置教学大纲，循此开展教学，然后用考试检验教学和学习效果，最后评估相关人员或机构的责任（Carnoy & Loeb，2002；Lee，2008）。问责对象大致分为三类。第一类是学生。问责形式包括考试成绩决定升留级，决定奖学金的发放，还与高中毕业证书挂钩。对未达标的学生不发高中毕业证书（diploma），只发"就读证明"（certificate of attendance，见Amrein & Berliner，2002；Lee，2008）。第二类是教师。问责方式包括晋升和奖惩。学生的考试成绩若取得显著进步，教师一次获得的奖金数额可达2.5万美元。如果学生的考分未达标，教师便失去正常加薪和获得终身教职的机会，甚至被解聘（Amrein & Berliner，2002；Mehrens & Kaminski，1989；Nolen，*et al.*，1992）。第三类是学校和学区。问责涉及管理人员的薪酬、政府的拨款以及学校的地位。普遍的做法是，当地媒体根据学生的考试分数，公布学校和学区排名（Popham，1991），州政府据此进行奖惩，包括经费分配，强制关闭或重组学校，替换管理人员等（王晓燕，2013）。这三类问责方式是标准化考试结果的原本用途，由考试决策者制定，体现了实施考试的目的。此外，考试还有附加用途，如家长根据考分排名选择学区和学校，房产公司根据考分排名决定房屋价格（Amrein & Berliner，2002；Carnoy & Loeb，2002；Paris *et al.*，1991）。

由此可见，考试的风险特征是一个连续体，由低到高，高低取决于考试结果的使用和核心涉考群体的数量。因此，要衡量一个考试的风险等级，一看考试结果的使用带来的后果严重性；二看核心涉考群体的多寡并与考试结果的用途一并考虑。例如，土耳其 Bogazici 大学的英语考试和我国的高考都有选拔功能，属于高风险考试，由于前者只有一个核心涉考群体，因此风险等级低于后者。一般而言，考试用途越多，核心涉考群体越多，考试风险就越高，两者的增减成正比。

但是，风险等级会随着时间的推移而动态演变，也因涉考群体内部的改变而变化。考试风险的动态性从大学英语四、六级考试的演变可见一斑。实施之初，考试结果不针对任何涉考者做出重要决定，可谓是低风险考试。考试的初衷是改善教学，促进学习（杨惠中、Weir，1998），所以考试结果只限于大学使用，为教学提供反馈信息，供师生参考。后来，一些大学管理层利用考试分数管理学生，将英语四、六级考试成绩与毕业证书和学位颁发挂钩。考分未达标者，无论其专业成绩多高，均不能毕业或获取学位证书。此举引发了严重的应试教学，冲击了大学的正常教学秩序，以至于教育部明确要求各校停止此做法（吴启迪，2005）。此外，英语四、六级考试成绩还被一些用人单位利用，作为招聘员工的标准之一，进一步推高了考试的风险，引发了社会对此考试的诸多争论（参阅凤凰网关于取消大学四、六级考试的争论 http://sn.ifeng.com/shanxizhuanti/yyslj/）。由此可见，英语四、六级考试从低风险考试逐渐发展到高风险考试，是不以考试设计者的意志为转移的，而是由教育系统中非考试因素和社会大环境中的因素共同促成，正如杨惠中、桂诗春（2007：374）所说："考试的使用面越大，社会风险越大"。大学英语四、六级考试的风险变化体现了系统的动态特征和开放特征，佐证了 DST 的动态系统观。

我国的高考也经历了从高到更高风险的变化。全国高校统一招生考试制度建立于1952年，"文化大革命"十年中断，1977年恢复。一开始，高考就是高风险考试，其选拔功能决定考生的前途命运。但在"文化大革命"之前甚至恢复高考不久的20世纪70年代末，相关文献中未见有高中应试教育的记录。之后，学生和家长越来越重视高考成绩，用以判断教师和学校。高考升学率高的中学报考人数多，选择余地大，能够招到更多学习成绩好的学生。几年后这些中学的考生易在高考中取得高分，形成良性循环，学校的声誉因而越来越高。此外，能够帮助学生提高考试成绩的教师受到表扬和嘉奖，还可以通过课余辅导学生获得高额报酬。而教育部门则用高三学生的升学率评价学校和下级教育部门。因此，高考成绩被赋予了评价功能，核心涉考群体也增多，风险越来越高，后效越来越强，应试教育愈演愈烈。

考试风险的动态性特征的另一体现是，同一个考试，风险因涉考群体和个体的不同而异。以 PISA 为例，学生是参考者，但考试成绩对他们几乎毫无影响，既不向学生报告，也无评教功能，无人知道哪位教师或哪所学校的学生考分是多少。因此，学生、教师、学校管理人员均不是核心涉考群体，在他们看来，PISA 是低风险考试。但是，对于各国领导人而言，PISA 却是高风险考试，每次考试结果的排名与公布，都把他们推向了基础教育质量比拼的前台，成为世界各国公众关注的焦点。例如，2000年的 PISA 结果显示，在参加测评的国家当中，挪威的教育投入人均最高，但学生成绩却低于平均分，这在挪威国内引起震动（称为 PISA Shock），也成为反对党手中的"武器"，德国和丹麦也有类似情况发生（Stobart & Eggen, 2012；Baird *et al.*, 2011）。这些现象表明，同一考试对于不同涉考群体的风险不同。另外，对于同一考试的同一涉考群体中的个体，考试的风险也可能不一样。以大学的期末考试为例。在大多数学校，期末成绩通常计入学生的总成绩，后者决定学生能否毕业。由于我国大学一般都严进宽出，校内考试要求不高，极少学生不及格，因此对于大多数学生来说，学校考试算是低风险考试。不过，一些成绩拔尖的学生反而特别重视校内考试，希望每次名列前茅，因为考试成绩可用于评优发奖，还有利于将来到国外留学深造。对于他们，校内的每次考试或许都是高风险考试。另外一例是高考，由于保送生制度的存在，一些优秀学生在高考之前便被保送上了大学，参加高考通常是听从学校的安排，取得好成绩只为学校争光。对于他们，在备战高考多年之后，该考试突然变成了低风险考试。

从上述分析可得出结论：考试系统的风险是由教育系统和社会巨系统中利益群体的交互作用决定的，用途和利益群体越多，考试风险就越高，后效也越大，反之亦然。问题是，超强的后效是否能够有效促进教育改革并提升教育质量呢？研究考试后效若忽略其性质（即正面抑或负面），研究便失去了意义。此问题在下一节讨论。

4.2 考试风险与后效性质

如前所述，考试后效具有强度、长度、性质等维度，而关键是性质，即后效是正面还是负面。后效若为正面，且强度大时间长，则对教学、教育系统和社会皆有益；若为负面，强度越高时间越长，则危害就越大。所以，在使用高风险考试时，了解其后效性质尤为重要，可尽量规避考试的负能量，利用积极影响促教促学。为此，须先明确负面和正面后效的含义及其界定标准。从 DST 的角度看，考试的负面或正面影响是动态、相对的，因涉考群体和个人的变化而异。例如，大学英语四、六级考分与学位挂钩，对学校的管理者是有利的，而对不少学生却有负面影响。有学者以考试是否有利于教学为判断标准（刘润清，1999），但一些具体操作对教学是否有利也仅凭主观判断，见仁见智。在本研究中，我们尝试以期望后效为判断标准。按理，考试决策人和设计者一定期盼考试对学习起到推动和改善作用，而非负面影响。再者，设计大规模考试的，一般是测评和教学界的专家学者，理应对教学的前沿理论和研究有所了解，有较好的判断力。界定他们的期望后效，以此作为标准去评判考试与教学交互产生的实际后效，具有较好的可操作性。

　　一个考试若要发挥积极作用，取得期望后效，我们认为需满足三个条件。其一，考试须与涉考者的利益关联。如果一个考试的结果不用于任何决策，不涉及任何人的利益（如教师为发现教学问题而进行的诊断性考试），这个考试便不会引起考生和他人的重视，不会产生后效，期望后效自然无从说起。所以，能够带来期望后效的一定是高风险考试。其二，考试必须提供教学可模仿的样板。既然考试设计者有意指导教学，其教学理念必须在考试中得到体现，明示他们信奉的教学方法和手段。有学者指出，能够发挥正面影响力的语言考试，应该是目标参照性考试，且考查方式逼近语言的真实使用（Messick，1996；Bailey，1996）。目标参照性考试易于反映教学目标（Hughes，2003），真实性强的考试折射真实情景中的语言使用情况。譬如，阅读后写内容概要，比读后做多项选择题的真实性强。Messick（1996）和 Pearson（1988）甚至认为，为了取得真正有利于教学的后效，考试与教学需要无缝衔接（seamless），即命题应该采用那些用于教学也行之有效的手段。其三，考试不引发大规模高强度的应试教学。当考试训练替代了常规教学，模拟试卷取代了课本，考试题型变成了学习方法，课堂成为考场，负面影响便已形成，积极的期望后效也就化为泡影。再好的考试也只是对所考能力和知识的抽查，不可能涵盖所有教学内容和全部知识与技能。应试教学实则是针对样本进行机械操练，或许能够改善考试所涉及的一些知识和技能，却无助于全面提升能力，还有可能扼杀学习兴趣与自主性。上述三个条件可称为期望后效的必要条件。

　　什么样的考试能够满足上述三个条件并具有发挥期望后效的潜力呢？我们首推风险适度的考试。低风险考试不产生任何影响，自然无期望后效可言。风险过高的考试同样难以助力期望后效的实现。以语言测试为例，一个考试若核心涉考群体过多，势必需要提高其信度。为此，考试设计者需要更多地采用一些评分较为客观的题型（如多项选择题），而不敢大胆采用那些接近真实语言使用的开放性题型，如自由写作、口头对话、读后总结等题型，因为这类试题的评分目前仍然依靠人工，易造成误差，导致不公平。在此情况下，考试很难充分体现所期望的教学理念与手段，难以提供理想的教学范本。更为严重的是，高风险考试通常引发应试教学。风险越高，应试就越严重，期望后效也越难实现。考试风险与期望后效呈倒U型关系，如图3所示。

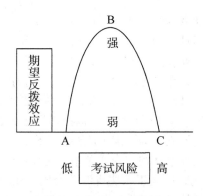

图3 考试风险与期望反拨效应的关系

在图3中，A表示低风险考试，C表示高风险考试，B代表那些风险等级适度、易于实现期望后效的考试，在A与C之间是风险等级不同的考试。下面根据前面提及的三个期望后效必要条件，分析三个考试及相关实证研究的发现，旨在解释为何一些大规模高风险考试无法实现期望后效，造成与考试人员意愿相悖的负面影响。

第一个是前边提及的阿拉伯语考试，因其风险低，考试最终未取得期望后效。该考试由以色列教育部于1988年推出，目的是提升阿拉伯语在该国的地位，激发学生的学习热情。Shohamy等人（1993；1996；2001）对其进行了长期的观察和研究，发现在考试实施初期，教师和学生误以为考试结果将用于评估教学，于是根据考试调整了教学内容和方法，效率有所提高。随后他们意识到考试无后果，教学中不再考虑相关因素，期望后效逐年递减。1996年考试改革，教师和学生对此毫无反应，我行我素，考试后效降至零。这个现象可用第一个期望后效条件加以解释。考试须具风险才可能实现期望后效。对于低风险考试，教师和学生不予理睬，期望后效无法实现。这个考试在图3中占据A类考试的位置。

我国的高考中的英语考试无疑是风险极高的考试，教育界普遍信其"指挥棒"作用，而它的期望后效却相当有限。在高考改革的初期（1985年），考试设计者希望通过考试改革中学的英语教学，使教学的重点从"教授语言知识"转向"培养运用能力"（桂诗春等，1988；Li，1990），即培养学生用英语进行交际的能力，包括听、说、读、写技能。改革实施多年以后，有实证研究表明，从历史的角度看，高考英语起到过积极的促进教改的作用，但若以设计者的意图为标准去衡量，期望后效却相当有限。高三英语课堂的听、读、写训练完全围着考试转，与设计者所提倡的语言运用型活动大相径庭，而且孤立地教授语言知识仍是教学中的一个普遍现象（亓鲁霞，2004）。由此看来，就期望后效而言，高考英语并不比前述阿拉伯语考试更具优势，但造成"指挥棒"失灵的原因却不一样。阿拉伯语考试因风险低而遭忽略，高考英语却因风险过高而同样无法实现期望后效。高考历来受到我国教育界乃至全社会的广泛关注，要求体现公平公正的原则。为了满足此要求，设计者采用的具体措施之一就是尽量减少人工评卷试题，降低误差，提高考试的信度。其结果是大量采用多项选择题，以至于无法将考题变成可在教学中应用的范例，未能满足期望后效的第二个条件。此外，因高考的风险过高，核心涉考群体（学生、教师、教研员、其他教育管理人员等）只得奋力应对考试，甚至违心开展应试教学，从而无法满足期望后效的第三个条件。在图3中，高考英语处于C类考试的位置。

与上述两个考试不同的是，土耳其Bogazici大学的英语考试被认为很好地发挥了期望后效。考试实施一年之后，教学得到改善，学生的英语水平大幅提升（Hughes，1988）。需注意的是，该考试虽属高风险考试，但核心涉考群体只是学生，风险等级适度（如图3中的B级），所以较易将考试设计成学习范本。实际情况是，考试设计者根据学生的语言使用需要，将考试定位于标准参照性考试，采用了既有助于考查又能较好地反映学习内容的测试手段，构建了一个教学可以参照的范本，第二个期望后效条件得以满足。另外，由于考试结果只用于决定学生能否在本大学开始学业，不涉及教师与其他人员的利益，成功地避免了应试教学，满足了第三个期望后效条件，期望后效因此得到较好地实现。在图3中，该考试应处于B所标示的位置。

由此可见，只有考试风险适度，才有可能导致期望后效，风险过低的考试无后效可言，而风险过高的考试易致负面后效。从DST的角度来看，高风险促使教学与考试互动，形成后效；低风险的考试不引发教学与之互动，无互动则无后效。而互动中的各种因素交互作用，共同促成实际后效，这不以考试设计者一方的意志而改变，具有不可预测性。当三个期望后效条件均得到满足时，实现期望后效的可能性最大。

研究考试风险与后效之间的关系，最需要探究的，是以提升教育质量为目的的考试，因其原本用途是为改善教学，如果目的达不到，考试便失去了意义。美国基于高风险考试的教育问责制便采用了这种考试。问责制已经实施了几十年，效果如何呢？对此问题，一直存有争

议（Braun，2004；Lee，2008；Carnoy & Loeb，2002）。美国教育基金委
（Education Trust）的研究表明，自2001年以来，在接受调查的24个州中，
23个州的学生考试成绩有所进步，此研究已为白宫所引用（Lee，2006）。
不少州的官方报告也称学生成绩有显著进步（Shepard，1990）。但人们
质疑分数的提高是否真正反映了能力的提升。不少研究显示，高风险
考试的分数增加未必源自能力的增强，有可能仅仅是分数膨胀（score
inflation），即通过备考和考试实施策略取得了高分（Nolen，et al.，1992）。
这种情况反过来会威胁考试的效度，被称为分数污染（score pollution，
Haladyna & Haas，1991）。于是，有学者借助其他考试成绩来评估学业成
就和教育问责制的有效性。例如，Amrein & Berliner（2002）采用四门
考试的分数对问责制进行综合评估，包括全美教育进步监测（NEAP），
学术能力测试（SAT），大学预修课程考试（AP），美国大学入学考试
（ACT），通过对比采用高风险考试的州和未采用高风险考试的州，发现
前者的学生成绩并无显著进步，由此得出结论：教育问责制未取得预设
的结果。Carnoy & Loeb（2002）在50个州抽样，分析学生的 NEAP 数学
成绩，发现教育问责制与学生整体的数学成绩和进步相关。换言之，在
教育问责制执行到位的州，四年级和八年级学生的数学成绩较好，进
步幅度显著。从他们的研究来看，高风险考试虽然无益于全面改善学习
效果，却有助于提升数学考分及实际能力。Lee（2008）对之前的14项
相关实证研究做了分析，发现高风险考试一定程度上提高了学生学业成
就考试的成绩，但对缩小不同族裔学生之间的巨大差距帮助不大。Lee
（2008）的分析还发现，这些实证研究存在各种漏洞和局限，结果令人
怀疑。

　　虽然问责制的促学效果尚无定论，而负面后效却已凸显。研究发
现，由于采用了考试，教学时间和内容均受到挤压（Au，2009；Herman
& Golan，1993）。除了考试本身，备考和考后恢复也占用不少教学时间
（Smith & Rotternberg，1991），教学内容也因考试而改变。以写作课为例，
Smith & Rotternberg（1991）发现，进入备考和考试周期（每年1月至5
月），英语课堂上每天40分钟的写作训练被取消，取而代之以语法练习，
如死记硬背介词和名词复数形式。其他的课也大同小异，教学内容均向
考试看齐，考试不覆盖的内容教学中亦不出现。Bracey（1987）注意到，
由于实行问责制，教学中大量开展对认知能力要求较低的训练，如阅读
报刊文章后找出主旨要义，因为这符合考试的要求；而涉及较高认知能
力的活动，如判断文章信息的可信度则不包含在阅读训练之中，因其不

是考核内容。受到考试的影响，阅读训练全部采用长度在200词以内的材料，长文和书籍阅读从教学中消失。显然，考试不仅未能更好地为教学服务，促进学生能力的提升，反而主导教学，催化了应试。

考试对学生和教师的身心健康也产生不利的影响，如引发焦虑，学生感到身体不适，学习兴趣与动力下降（Smith & Rotternberg，1991；Paris *et al.*，1991）。而且教师的焦虑程度不亚于学生。Smith（1991b）发现，考试压力迫使教师只教考试所涵盖的内容，只用考试中出现的题型和指引的方法，久而久之，教学能力严重萎缩，已不善于教授考试以外的内容，不善于采用灵活多样的方法促进教学。Herman & Golan（1993）在全美9个州48所学校的问卷调查也有类似发现。更为严重的是，还有大规模高风险考试将教师逼上绝路的报道（Denvir，2012），由于其学生的低分被公布在网上，洛杉矶的一名教师因不堪羞辱而自杀身亡。

过高的考试压力还导致作弊成风。Smith（1991a）的观察发现，在问责制使用的考试中，有教师违反规定，擅自延长考试时间；有教师向学生提供答题线索甚至答案；还有教师篡改分数。这种情况不断地见诸报道。2012年，在亚特兰大州的城市里，半数学校的教师和管理人员被怀疑涂改学生的错误答案，或直接把答案告诉学生。费城五分之一的学校被怀疑作弊而接受调查。纽约、华盛顿、休斯顿和底特律也有类似的情况（Denvir，2012）。Strauss（2013a）指出，过去四年，全美37个州和华盛顿区均有大规模考试作弊被确认，考试前后和考试过程中的作弊行为多达50种。例如，考前借助网络传播真题，学校组织学生操练；在考试中，学生相互讨论并抄袭，教师向学生提供正确答案，好生为差生替考；考试结束后，教师指导学生改写答案，甚至销毁低分学生的答卷（Strauss，2013b）。

上述情况表明，美国的高风险考试不利于实现期望后效。究其原因，虽然这些考试满足高风险这个条件，却无法满足期望后效的第二和第三个条件，即这些考试既不能提供好的教学样板，也无法避免引发高强度的应试教学，因此促教促学的作用非常有限。

美国的教育问责制给我们一个重要启示：要想了解考试的期望后效是否实现，基准研究十分重要。在美国，关于高风险考试能否促学的争论延续了几十年，至今仍无定论，其中一个主要原因，是在启动问责制之前未开展充分的前期研究，总结当时的教学现状，用于实施问责制之后的教学比较。例如，Bracey（1987）认为，高风险考试导致学习内容碎片化，训练学生做多项选择题无助于提升高层次认知能力，提分不提能。对此结论，Popham（1987）反驳说，美国学校的教学原本就是碎片化，多选题能够考查高层次技能。双方各执一词，无法说服对方。所以，对于教学的原本状态缺乏详细描述，这是美国相关研究的一大短板。宣称考试促进了教学改革，不能只用一个考试分数作为凭证，应该同时出示其他证据，证明由于考试的作用，教学克服了原本存在的问题和局限。指责考试误导或阻碍教学，一定要有原始证据，证明教学原本的做法更有利于学生能力的发展与提高。从文献来看，针对美国的教育问责制，支持派和反对派均无令人信服的实证研究数据支持自己的主张，因此无法全面和准确地评价该问责制的效果。可见，如果要以考促学，基准研究是重要的参照标准，而且还要有长期追踪研究的配合，否则无法有效检验相应的教学改革是否真有成效。

综上所述，我们认为，唯有采用风险适度的考试或测评系统才有可能实现期望后效，风险过高的考试难以发挥正面导向作用，容易引发高强度的应试教学，阻碍教学改革，不利于提升教学质量。

4.3 英语科监测系统风险的构成与期望后效

上一节的分析勾勒出考试风险的构成，揭示了风险与后效性质的关系，强调了期望后效可用作后效研究的主要观察指标。在这些理念的指引下，我们对英语科监测系统的风险构成和期望后效展开了调查研究，结果陈述如下。

4.3.1　风险构成

全国基础教育质量监测被定位为低风险的测评系统，作为其子系统的英语科监测，自然也属于低风险性质。该系统的决策人和设计者在有关会议上明确指出，监测结果不得用于评价学生、教师和学校，监测的目的是为国家教育决策提供科学依据。2011年英语科实施监测时，对抽样学校的第一条基本要求是："校长充分认识到监测工作不排名、不评优评级，与学校本身工作无关，要确保监测数据的真实性和客观性"（教育部基础教育质量监测中心，2011）。如此定位符合监测的宗旨和结果的用途，而公开指出监测系统的风险定位，与决策人和设计者对后效的认识有关。在一次监测工作会议上，谈及我国高考和中考对学校教学的负面影响和冲击，决策者们明确表示不能让监测成为另一个高考或中考。

制定监测工作的实施方案，不仅要考虑其低风险地位，还要考虑如何避免学校因误解而搞应试教学。为此，监测负责部门决定，监测结果不得公布，不反馈给学校，只需上报给教育部，并反馈给各级教育部门作为决策依据。同时，有关部门不得按监测分数对学校进行排名或开展评比。此外，不需事先通知被抽中的监测样本校，因为监测不覆盖小学四年级和初中二年级年级全体学生，只分层随机抽样进行，被抽到的学校和学生临时做好相应准备。在每次监测前后，监测工具（如英语试卷和调查问卷）必须严格保密，事后回收，避免流传到社会上，被人利用来进行商业炒作。

根据上述决定和做法，目前英语科监测系统的风险构成仅限于一个涉考群体（学生）和一个用途（为教育决策者提供反馈信息）。该用途不涉及学生的个人利益，也不涉及教师和学校的利益，所以监测系统采用的是低风险测评方式。如果系统长期维持其低风险状态，将不会对教学形成冲击。但是，随着监测工作的推进，需要防范各省、市、县级有关领导将获得的反馈信息用于评价。这类情况一旦发生，势必牵涉到学校、教师和学生的利益，评估风险将被推高，出现监测设计者不愿看到的应试教学。根据DST理论，任何系统都具有动态性，会发展变化，其发展方向具有不可预测性，英语科监测系统的风险也不例外。因此，开展监测工作需要未雨绸缪，控制风险，对监测的发展变化须跟踪调查，一旦风险升级，能及时把握动向，采取措施规避负面后效。

4.3.2　涉考者对监测的了解与态度

研究考试或测评系统的风险，除了厘清考试用途和涉考者群体之外，还需要知道涉考群体是否了解考试，对其持什么样的态度。应试教学常与教师和学生对考试的认识有关，一旦认为考试影响其利益，便会应试，推高考试风险，放大考试后效。在 Madaus（1988）看来，高风险考试是"那些在考生、教师、学校、家长眼中用于做出重大决定的考试"，这里"眼中"指的就是他们对考试的认识和态度。因此，本课题针对教师和学生对英语科监测系统的认识与态度，采用开放性问题，于监测实施当天在小范围内进行问卷调查，两个月后对10名教师进行了访谈，最后于2012年开展了较大范围的问卷调查。

第一轮问卷调查和访谈所用的问题一样，对这两次数据的分析结果，下面一并报告。教师们对英语科2011年监测的了解有限。回答问卷的38名教师和接受访谈的10名教师（共48名）均表示，是在监测前三天才通过学校的正式途径得知监测的消息，对监测的内容和形式了解很少。这说明监测中心的保密工作到位，事前无人传递消息。2011年的英语科监测在全国9个省和两个直辖市开展，规模较大，但社会上和教育界均未报道此事，也未引发起议论。这也表明监测系统处于低风险状况，不像近年的高考英语改革那样，引发了社会和教育界的广泛关注和热议。

至于教师对英语科监测的态度，调查有以下发现。第一，教师们对英语科开展监测持支持态度。10名接受访谈的教师和34位回答问卷的教师（92%）认为有必要开展监测，并列举了各种理由，可归纳为四点：1）可让国家了解中小学生英语学习的现状，特别是边远地区的学生和城市农民工子弟的学习状况。2）监测结果可以成为制定和修改英语教育政策的依据，便于国家宏观调控。3）监测所了解到的情况可以指导教学，促进教学改革。4）促使学生、家长及上级单位更加重视英语科目。教师们给出的前三条理由与监测目的一致，说明他们理解并赞同监测的目的和意义。第四条却是教师们的希望，借助监测提升英语科的地位。有一位教师写道："学生参加此次监测对英语学科的发展有促进意义，希望全社会都重视英语教育，而不是像现在这样，'副科的待遇，主科的要求'"。除了上述理由，教师们之所以支持开展监测，与这项工作不干扰正常教学和不给他们带来压力也有一定的关系。接受访谈的10位教师均表示没有任何压力，回答问卷的38名教师中，29位回答没有压力，其余的感到有一定压力。有一名小学教师写道："压力有，担心学生监测的成绩不佳，若反馈回校，领导认为是老师平时教学不过关。"可见压力跟监测结果的使用有关，教师担心领导的看法对自己不利。既然无压力，教师就不大会针对监测搞应试教学。所以，当被问及是否帮助学生准备监测时，接受访谈和问卷调查的35位教师（73%）表示未做任何准备，其余回答有一定准备，采取的措施如提醒学生做好心理准备，带齐答题工具如2B铅笔和橡皮擦等。这类做法属于正常的考前准备，而非应试教学。此外，有31位教师（65%）表示，即使将来再接受监测也不会专门组织学生去做准备。有17位教师认为要做一些心理准备，其中3名表示，在平时的教学中会帮助学生夯实基础，提高英语水平，监测时考出好成绩。这一调查结果表明，当下的监测属于低风险测评，没有应试必要，教师们大都不会专门为此做准备。此种状况若能长期保持，监测便不会冲击教学，监测也就能达到预期目的。但是，从少部分教师的回答仍可看出，他们非常希望自己的学生能在监测中有出色表现，对监测结果反馈到校一级领导有所担心。

　　上述调查结果仅基于48名教师提供的信息，他们均来自2011年接受监测的学校，代表面窄。为了检测结果的概括性，我们另外设计了6道题，采用选答形式，进行第二轮大规模问卷调查，收集相关数据（见附录2，问卷2的第三部分）。6道题中有3道考查师生对监测的了解程度，是否知道英语科质量监测，是否清楚试卷内容和题型，另外3道题用于探测他们对监测的态度，问及监测是否必要，是否有助于改善教学，能否提高英语受重视的程度。结果列于表10。

表 10　教师和学生对监测的了解与态度（%）

条　目	不知道	有点了解	了解	未选	总计
23-1 教育部开展了英语科的基础教育质量监测	35	19.1	42.0	3.9	100
23-2 英语科监测试卷考查的内容	17	14.7	45.6	22.7	100
23-3 英语科监测试卷采用的题型	14.8	15.2	46.8	23.1	100
	不同意	一半同意一半不同意	同意		
24-1 有必要开展英语科的基础教育质量监测	2.7	11.4	65.2	20.8	100
24-2 监测有助于改善教学	28.8	18.1	30.0	23.1	100
24-3 监测会使学生和家长重视英语	13.3	17.1	29.6	39.9	100

　　分析结果表明，在填写此问卷的3,126名师生中，35%的师生表示完全不知道此事，42%认为自己对监测已有所了解。这一结果在意料之中，因为此轮问卷数据在2012年5月至9月收集，与2011年11月的监测时间相隔近一年。在接受监测的学校，教师（特别是参加问卷填写的教师）对监测已有较好了解，同省的其他学校也应听说过此事。接受本问卷调查的教师来自广西和广东两省区，学生全部来自广东。广西在2011年进行抽样监测，部分教师参加了监测问卷的填写，其学生也填写了问卷，同时参加了英语考试，所以对监测已经比较了解。广东虽未参加2011年的英语科监测，但许多师生知道此事，因为当年接受监测的省市多达11个，监测中心在网上发布了有关消息。另外，广东省在2011年之前接受过语文、数学、科学科的监测，英语教师对整体监测情况略知一二。统计结果显示，对于监测试卷的内容，45.6%的师生表示了解，对于题型，表示

了解的师生占比为46.8%。对于监测的实施，65.2%的师生认为有必要。至于监测是否有助于改善教学和促使家长和学生重视英语，30%和29.6%的师生表示同意。这说明大多数师生认为开展监测有必要，仅一部分认为有助于提高英语学科在学生和家长心目中的地位。

综合分析访谈和两轮问卷调查的数据，可以得出如下结论：2011年英语科监测实施时，保密工作到位，未引起社会的过多关注，教师们无应试意识。一年后，不少师生对监测工作已有所了解，大部分持赞成态度，认为有必要开展监测，少部分师生希望监测工作帮助改善教学，并提高英语科的地位。

4.3.3　期望后效

通过观察监测工作的参与者和对相关文件进行分析，我们发现，英语科监测系统决策者和设计者期望监测具有正面后效的作用。监测中心官方网站上公布的监测宗旨包括"重在导向"，指对中小学教学的正面导向作用。在所观察的3次会议中，与会者多次提到监测对中小学教学的潜在影响，其共识是：尽量降低负面影响，同时发挥正面作用。因此，设计者依据当前外语教学的先进理念，制定监测框架指标，研发监测工具，并将监测试卷的考查重点放在语言的综合运用能力上，而并非放在单纯的语言知识上。将来一旦教育系统和社会上的各种因素交互影响，导致监测系统的风险升高而引发应试教学，这样的测试对教学不至于造成不良后果。应试教育就是针对考试内容组织教学，如果测试的重点是语言运用能力，将对教学有较好的导向作用。在决定测试题型时，设计者充分考虑到对教学的潜在影响，尽量采用有利于促进语言学习的试题种类。这样的命题指导思路给英语科监测试卷带来三个特点。第一，试卷重点考查听说读写技能。试题不限于某一项技能的测评，有一部分考查综合运用能力，如读后写和听后写。在所考查的技能当中，最难测试的是口语技能，操作费时费力，难以保证其效度和信度。即便如此，设计者坚持开展口语测试。前文提及，受到条件限制，目前虽然无法大规模考查口语能力，但已于2011年在较小范围内（5个省市）开展了口语监测。第二，英语科监测试卷中杜绝采用流行的语法词汇选择题，以避免孤立地考查语法和词汇知识。设计者认为，通过考查语言的综合运用技能，能够更好地间接考查语言知识。第三，测试题型较为多样化。与高考英语和中考英语不同的是，监测试卷中的多项选择题所占比例较低，采用了较多其他题型，如填空、配对、读后简答、完成句子、短文写作等。这些题型对教学的负面影响相对较少，特别是需要考生动笔的简答题、短文写作等，若在教学中应用，对提升学生的语言运用能力应该有所帮助。以上三个特点反映出设计者对英语科监测的期望后效，即教学中注重综合能力的训练，而不是孤立地讲解语法和鼓励学生死记英文单词。他们尽量在试卷设计中体现该期望，藉此传递自己所奉行的外语教学理念。然而，实现此期望后效的可能性有多大呢？要回答这个问题，需了解考试风险和期望后效之间的关系，下面接着讨论。

4.3.4　内在冲突

英语科监测系统定位为低风险测试，而要实现期望后效却要求监测携带一定的风险，如此定位与期望后效势必发生冲突，两者不可兼得。如果监测维持低风险，每次监测实施之后不问责，便不会引起教育主管部门和教师学生的重视，后效自然不会发生，既不会带来冲击教学的负面影响，也不会产生积极的促学促教作用。如果不公布监测的内容与形式，便无法传递设计者的教学理念，期望后效就无法实现。在监测工作会议上，有人提出过如何问责的问题，还有人认为应该及早公布监测的指标框架体系和测试样题，以便对教学起到正面导向作用。他们认为，目前中小学英语教学仍然以教授语法词汇知识为主，忽略综合能力的训练，所以需要借助监测向教师传播新的教学理念，推动教学改革。然而，最终的决定是维持监测系统的低风险，既不问责也不急于公布监测指标框架体系，对监测试卷要严格保密。我们认为，低风险与期望后效之间的矛盾难以调和。一方面，为了避免引发应试教学，维持系统的低风险是必要的，是首要任务，为此需要割爱，舍弃设计者的期望后效；另一方面，试卷的设计仍然需要坚持积极后效的原则。为了防患于未然，如果有关教育部门利用所获得的监测反馈信息，评价或控制下级部门或学校，推高监测系统的风险，产生了后效，基于期望后效设计的试卷不至于对中小学英语造成危害。根据 DST 的理念，当监测持续开展之后，英语科的测试会否产生后效，会否影响教学，现在无法预测。后效是在测试、教学、教育、师生心理状态以及社会各子系统的交互作用下逐渐形成的。我们现在能够做的，是准确分析和研判监测初期的风险构成和期望后效，为后续跟踪研究做好铺垫。

第五章
小学四年级英语教学现状（子课题 2）

子课题 2 要回答的问题是，小学四年级英语教学的现状如何？若把小学四年级英语教学视为一个动态系统，那么此项研究的对象就是该系统。根据 DST 的理念，在此系统中起主导作用的是人员要素（human agents），即教师和学生，他们的行为动机与行为模式自然成为研究的重点，而与他们的活动相关的其他因素也有助于揭示整个动态系统的运作，因此，教学时间安排、教材设备等非人员要素（elements）也需要关注。重点研究的动机与教学目标密切相关，而行为模式则主要体现在教学活动。在中小学教育中，教学目标并非由教师和学生制定，而由教育部明文规定。因此，我们首先研读了小学英语教学大纲（2000）和英语课程标准（2001；2011），了解到大纲和课程标准均要求小学英语教学围绕两个中心进行，一是培养学生的学习兴趣；二是培养基本运用能力（或称语言技能）。为了培养兴趣，大纲要求课堂教学生动活泼，采用动画、说唱等方式。而基本运用能力则主要指简短会话能力和单词拼读和拼写能力。这两个教学中心为我们的研究提供了指引性的分析框架。在此框架下，此报告将从教师信念、教学活动、教学材料与设备、时间安排和测试评估五个方面讨论小学四年级英语教学现状，陈述调查结果。

5.1 教师信念

教师信念（teachers' beliefs）指"教师对学校教育、教学、学习和学生的看法"（Pajares，1992：316）。由于教师信念影响教学实践（Borg，2003），不少学者对其开展研究，找出信念与具体教学行为之间的联系

（如楼荷英、寮菲，2005），还有学者（Borg & Al-Busaidi，2012）围绕学生自主学习的主题开展教师信念调查，并将研究成果应用于教师职业培训。本研究的信念调查聚焦于教学目标和教学活动，旨在全面了解小学四年级的英语教学现状。

　　小学英语教学大纲明确要求培养学生对英语学习的兴趣，为了解教师对此目标的认同度，我们在数据中给"兴趣"设置一个编码，分析并总结教师对学习兴趣的看法。结果发现，教师们对此持积极肯定的态度。接受访谈的10名教师中8名主动提到学习兴趣，并对如何提高学习兴趣谈及四个方面：1）教学活动，认为应多采用游戏、唱歌、配动作的操练等活动；2）多鼓励，对学生的表现和作业多表扬、多鼓励，如奖励小红花、小红旗、作业本等；3）避免当众纠错，学生犯错时，不直接纠正，而是以幽默方式提供正确用法，保护学生的自信心和学习兴趣；4）鼓励学生参加课外活动，如学校、区和市里举办的英语竞赛。总之，想方设法保护和提高学习兴趣是教师们的共识。朱老师说："如果学生在小学就没了兴趣，会影响他一辈子"。不过，刘老师认为，兴趣固然重要，但不宜过分强调，"一、二年级需要培养兴趣，之后就应该让学生意识到学习是自己的责任和义务"。从课堂观察来看，绝大多数课堂都显得生动有趣，气氛活泼。

　　教学大纲还要求小学四年级教学培养英语基本运用能力，教师对此要求是否赞同是教学信念调查中的另一重点。访谈时我们直接问及小学四年级英语教学目标和应达到的水平（见附录1）。在受访的教师中，5位说学生应该具备基本的听说能力，能够听懂简单的日常会话，并能与他人开展会话，如相互问候、交换简单信息等。此外，学生还要积累一定的词汇，能够听得懂、看得懂、说得出。有位方姓老师认为，听说读写需全面发展，简单的日常英语应该听说读写都能做到。教师们的回答显示，他们认同教学大纲提出的目标，但在涉及具体知识和技能时却有不同看法。对于写，一般认为应该会写单词和句子，但也有老师持悲观看法。例如，有位赵姓老师说，"他们不抄错就不错了。他们目前还不能完全把印刷体转为手写体。印刷体的字母a不是两笔嘛，我让他们一笔写成手写体，他们学了半天"。对于整体能力，方老师认为应该听说读写全面发展，而刘老师却说："学多少算多少。在小学阶段我们没有量化的标准。他学得好，我很开心，他学不好，我尽力了"。需要说明的是，持乐观态度和悲观态度的教师来自不同的学校，从课堂观察看出，两类教师所在学校的学生水平差异很大（参阅5.2.3）。方老师的学生在课堂上显示出基本会话能力，其中一位学生在访谈中提及自己有实际运用英语的经

历，曾有一次在母亲上班的银行为外国人做了简单口译，感到自豪。而
刘老师的学生大多数在单词发音方面还存在问题，能够流利进行简单会
话的学生极少。她所教的一个班共有54名学生，而具备最基本听说读写
能力的仅1人。由此可见，教师对教学目标的信念不光来自教学大纲的要
求，很大程度上与学生水平和教学环境相关。将这些因素与他们的教学
信念结合起来考虑，就不难理解为什么刘老师的课是语言知识导向型，
而方老师的课更注重兴趣和能力的培养（见5.2.3）。尽管教师们的信念存
在差异，但从全部访谈数据来看，教师们比较一致认同大纲提出的要求，
认为小学四年级的教学目标之一是培养学生侧重于听说的基本运用能力。

　　对小学四年级的英语教学要求，反映了阶段性的近期教学目标，访谈
中已出现相关信息。在设计问卷时，我们换了一个角度，问及英语学习的
长远目标，用6个条目测量这一信念，同时用另外6个条目了解教师们关于
学习活动的信念（即应该做什么），因为这两方面的观念有一定联系（见
问卷2第18题的6个条目和19题的6个条目）。因子分析结果及各条目均值列
于表11。

表 11　小学阶段英语学习的长远目标与教学中的期望行动

	条目	人数	极小值	极大值	均值	标准差	因子得分	标准差
因子2 交际型目标＋期望行动1	19-4 为在生活中运用英语	864	1	5	4.27	.692	4.14	.55
	19-6 为与他国人交流	864	1	5	4.14	.751		
	18-2 应该看和听故事	864	1	5	3.96	.742		
	18-5 应该用英语简单交流	864	1	5	4.35	.631		
	18-6 应看英语动画和电视	864	1	5	4.12	.702		
因子5 工具型目标	19-1 为获取文凭	864	1	5	2.74	1.134	3.40	.71
	19-2 为找到好工作	864	1	5	3.48	.984		
	19-3 为出国留学或工作	864	1	5	3.42	.931		
	19-5 为中考高考取得好成绩	864	1	5	3.96	.742		
因子7 期望行动2	18-1 应该学好基础词汇	864	1	5	4.00	.856	3.74	.70
	18-3 看英语时应记得汉语意思	864	1	5	3.50	.962		
	18-4 应学好基本语法知识	864	1	5	3.71	.879		

1=完全不同意　2=不同意　3=一半同意一半不同意　4=同意　5=完全同意

　　表11显示，因子分析结果将第19题中的6个题项分成两类，其中4项归属于因子5，代表学习的工具性目标，即学好英语有助于学生的学业和职业发展。另外两项（19-4和19-6）属于因子2，代表发展交际能力目标（交际型目标），学英语纯粹是为了与人交流。这样的因子分析结果表明教师同意这些说法，他们的教学目标中既有单纯培养交际能力的成分，也有工具型目标的成分，二者并无冲突，也不能截然分开；获得了英语交际能力，一定有助于升学和求职。此外，因子2同时包含18题中的3个题项，均为运用型学习活动，说明教师们期望学生采用这些做法打造英语交际能力，也说明他们相信通过接近真实语言运用的训练可以发展交际能力，因此，因子2可称为交际型目标加期望行动1。18题中另外3个条目归属于因子7，代表另一类期望行动，目的是夯实语言基础，这可称为期望行动2，说明教师们认为小学阶段还需学好基础词汇和语法。这是我国外语界许多人秉持的教学原则，本无错，但这是否为外语学习的全部呢？是否还需通过真实的语言运用活动，在夯实基础知识的同时打造语言运用能力呢？填写问卷的教师对后一个问题给予了肯定回答，代表此观点的因子2得分4.14[1]，高于代表应学好语言知识的因子7（3.74），对两个分值差异进行配对T检验，结果表明差异具有统计上的显著意义（t=15.49，p=.000）。

　　然而，将教师们的期望活动和课堂上实际开展的活动频率相比较，发现两者的差距颇大。一方面，教师们在因子2中所代表的运用型活动题项上打出了高分；另一方面，问卷中所涉及的课内外此类活动的频率却最低（见表13运用型活动的得分均值）。此结果说明，教师们似乎"想一套、做一套"，访谈和课堂观察数据也证实了这一点。虽然教师们认为运用型活动有助于提高英语运用能力，应该多做，平时课堂上却很少见到。由此可见，教师们在理念上趋于赞同采用运用型活动，但未在教学实践中兑现。究其原因，可能是许多教师坚信学生需要的是学好语言知识，而在接受调查时只是为了显示自己能够跟上当今外语教学的前沿理论与认识，表现为"政治正确"。这仅是推测，需要深入研究去印证。另外一个原因可能是受限于教学时间，许多活动无法开展。与此相关的小学四年级教学活动和时间安排情况，我们在下面陈述调查结果。

---

1 这里的因子指18题关于期望行动的三个条目的平均分，未包括19题代表交际型目标的两个条目的分数。

5.2 教学活动及教材设备

通过观察教学活动，我们可以了解教学的内容、方法及重点，进而了解教学是否遵循教学大纲和课标而着力培养学生的兴趣和运用能力。因为教学活动离不开教学材料与教学工具的支撑，故将三者放在一起陈述。教学活动包括课堂活动和家庭作业，这里先报告课堂活动情况。根据访谈和课堂观察，我们归纳出11项课堂活动以及活动所依托的教学材料和辅助设备，列于表12。

表12 课堂活动及教材和教具

编号	活动	内容	方式	所用材料及辅助工具
1	朗读	单词、句子（及其中文意思），课文，单词拼写，语法规则	跟老师读，跟录音读，跟同学读，全班或小组齐读，个人朗读	课本，黑板，多媒体
2	听录音	课文，配套练习材料	听课文划生词，听课文划重点句型短语，听材料做理解练习	课本及课文录音，配套练习及录音
3	听写	单词短语，句子	老师读或播放录音，学生写	课本，练习册
4	阅读	课文，配套练习中的文段	默读，读后讨论，读后翻译，读后做题（填空、判断正误、多项选择等）	课本，配套练习册
5	操练	单词短语，固定表达法，句子句型	师生问答，学生配对问答，小组问答，角色扮演	课文，图片，话题，实物，动作，多媒体
6	玩练	歌曲、童谣、游戏	全班齐唱或朗诵，小组开展	课本，多媒体
7	抄写	单词短语，语法规则，例句范文，正确答案	抄写	课本，练习册，黑板，多媒体
8	教师讲解	背景知识，单词短语，课文内容和结构，语法规则，语音语调，拼读规则，学生作业，考后试卷	老师讲，学生听，做笔记	课本，配套练习册，试卷，英文报纸，黑板，多媒体
9	笔头练习	单词短语，句子句型	学生做题，老师随堂讲评	课本，练习册
10	学生总结语言知识	单词、语法规则	学生独立找出重点单词和句子，小组讨论	课本，练习册
11	课堂管理	整顿纪律，奖励，组织安排活动	老师下令	

　　从表12得知，小学四年级英语课堂活动比较多样化。例如，就朗读而言，有跟读和朗读，跟读分跟老师读，跟发音好的同学读，跟课文录音读；朗读又分全班齐声读，小组轮番读，老师按点名单点名请某个学生起立读，单个学生根据座位顺序起立读，甚至还有男生女生轮番读。这样做是为了避免课堂单调沉闷，降低学习兴趣。又如，操练也有变化，有角色扮演、师生问答、小组问答等，并辅以图片、动作和实物，藉此增添趣味，加深印象。以操练动词的正在进行时为例，一位学生在讲台上做简单动作，全班用英语描述，或者一名学生用英语发出指令如向前走、向右转，另一位根据指令表演，其余学生观看。再比如，对学生的鼓励嘉奖也融入活动之中，有口头表扬，还有奖励记录。学生回答问题正确或出色地完成角色扮演时，教师示意，全班就齐声高喊"Good, good, very good"，同时向受表扬的同学竖起拇指。奖励记录由教师完成，分个人奖励和小组奖励，个人若在课堂上表现好或作业完成好，教师便在其书本上做记录，采用贴片、盖章、画小红花等形式。根据这些记录，期末发送礼品，如5朵小红花换一个印记，凭5个印记，期末可获赠一本精美的作业本。对于小组表现，教师利用竞争机制，让每组学生开展朗读、答问、口头造句等比赛，在黑板的一角写上小组编号，下面给表现出色的小组画上小红旗或小红花，一节课下来，各组名次耀然"板"上。学生们争先恐后，尽力表现，希望自己所在小组能够胜出。相对而言，教师讲解和笔头练习是比较沉闷的活动，多数教师都将此类活动控制在较短的时间之内完成。

　　与课堂活动相比，家庭作业相对来说枯燥无味，一般是朗读、听写、抄写和背诵单词短语、句子课文，由家长监督完成。有英语基础的家长给学生听写，但大多数家长不懂英语，只能根据单词表读汉语，孩子写出相应的英语单词。不管是什么任务，都要求家长签字，证明孩子完成了作业。在访谈中我们了解到，个别学生在业余时间上网，通过看动画片、听故事、看电影等学习英语，认为非常有趣，且有益于学习。也有学生在校外培训班接触到类似活动，但教师不布置此类作业，主要原因是许多学生家中无上网条件，而有条件的家长大多不允许子女上网，担心他们玩游戏和浏览不健康的内容。据受访教师反映，小学四年级的英语课外活动很少，他们只是鼓励学生参加学校和校外组织的各种英语竞赛，但参赛人数有限。

5.2.1 各类教学活动的频率

上述教学活动仅见于受访的8所小学，代表面有限。于是我们根据受访结果在问卷2中设置了17个条目，用于了解课堂和课后活动，邀请教师上网填写，收集到864份有效问卷。因子分析将这些条目归为四类，结果列于表13。需要说明的是，条目16-1"课堂上朗读单词"的平均值最高（4.26），但因子分析未将其归入任何一个因子，说明此项活动与其他活动属于不同类别，所以未将其列入表13。

表13 四类教学活动因子得分均值

活动类型	条目	N	极小值	极大值	均值	标准差	因子得分均值	标准差
因子1 运用型活动	16-2 小组自由讨论	864	1	5	3.25	0.95	2.76	.76
	16-7 看电影和动画	864	1	5	2.56	1.00		
	17-2 听对话/小故事	864	1	5	3.05	1.03		
	17-3 看动画片	864	1	5	2.44	0.97		
	17-6 看故事/短文	864	1	5	2.48	0.93		
因子3 兴趣型操练	16-3 唱歌和朗读童谣	864	1	5	3.50	0.85	3.68	.64
	16-5 配动作操练	864	1	5	3.86	0.80		
	16-6 配图操练	864	1	5	3.73	0.90		
	16-9 角色扮演	864	1	5	3.83	0.80		
	16-11 交换真实信息	864	1	5	3.46	0.97		
因子8 语法学习	15-2 考语法	864	1	5	3.32	0.95	3.10	.83
	16-8 老师讲语法	864	1	5	3.08	0.86		
	17-4 做语法词汇练习题	864	1	5	3.09	1.00		
因子9 机械操练	16-10 听写单词短语	864	1	5	3.81	1.03	3.82	.75
	17-1 抄背单词短语	864	1	5	4.05	0.78		
	17-5 抄背句子课文	864	1	5	3.61	1.01		

1=从不 2=很少 3=有时 4=经常 5=很频繁

从表13中可以看出，课内外频率最低的活动是课后看动画片（2.44）。最频繁的活动是课外抄写和背诵单词短语（4.05）。看英语动画片和电影片段是接近真实语言运用且易引发兴趣的活动，抄背单词短语是较为枯燥的语言形式练习。根据因子分析结果，这些活动可分为四类，分别对应4个因子。"运用型活动"对应因子1，"兴趣型操练"对应因子3，"语法学习"对应因子8，"机械操练"对应因子9（见3.4.4节，表3）。从因子得分来看，最频繁的活动是"机械操练"（3.82），其中抄写和背诵单词短语得分最高（4.05），说明在小学四年级英语教学中，学生经常机械地听写和抄写单词、句子和课文。"兴趣型操练"活动得分为3.68，语法学习为3.10，说明这两类活动介于"有时"和"经常"之间，运用型活动得分最低（2.76），介于"很少做"和"有时做"之间。对4个分值差异进行配对T检验，得知差异具有统计学意义（见表14）。这个结果与访谈和课堂观察结果一致，课堂上极少开展运用型活动，仅少数学生在课后通过电脑或上培训学校接触到此类活动，另外3类活动在访谈和课堂观察中均有记录。所以，这4类活动的开展情况得到了访谈、课堂观察和问卷数据的反复证实，说明数据所反映的情况可信度较高，不仅包括受访的8所学校，还包括864名填写问卷的教师任教的学校。

表14　小学四年级不同类型的英语教学活动频率差异比较

活动类型	均值差	t	Sig.（双侧）
运用型活动—兴趣型操练	-.92	-44.25	.000
运用型活动—机械操练	-1.07	-37.79	.000
运用型活动—语法学习	-.33	-11.17	.000
兴趣型操练—机械操练	-.15	-5.94	.000
兴趣型操练—语法学习	.59	19.08	.000
机械操练—语法学习	.74	27.75	.000

5.2.2　教学材料和教具

开展教学活动，离不开教学材料与工具。在访谈和课堂观察时，我们得到有关教学材料和工具较为直接的信息（见表15），并根据这些信息编制问卷条目，进一步开展调查，了解到更多学校的情况。问卷2第11题针对教学材料，第12题涉及教学设备或工具（见附录2），结果见表15和表16。

表15　小学四年级英语课所用教学材料

条目	选项	总人数	选"是"的人数	百分比（%）
第11题您教小学四年级采用的材料包括：	英语课本	864	860	99.5
	课本配套练习册	864	775	89.7
	课文录音	864	773	89.5
	英语动画片片段	864	339	39.2
	非课本配套的其他练习册	864	311	36.0
	英语报纸（如英语周报）	864	213	24.7
	少儿英语读物	864	149	17.2
	其他材料	864	38	4.4

从教学材料来看，接受调查的教师绝大多数采用英语课本（99.5%），包括外研社出版的《新标准英语》、人教社出版的 *Go for it* 和教育科学出版社出版的《英语》。这些课本均以话题为纲编写，如食物、服装、职业、时间等，配有练习册，围绕所学单词和语法编写，使用率排第二位（89.7%）。一些学校还采用其他练习册（36%）作为补充材料，如广西的部分学校采用《新课程学习手册》（漓江出版社出版），同样围绕单词和语法编写练习，如组词成句，填空等。还有教师采用英语动画片片段（39.3%），英语报纸（24.8%）和少儿英语读物（17.2%）作为补充，不过这样做的学校相对较少。根据访谈得知，这些补充材料有助于激发学生的学习兴趣，如朱老师反映，英语报上介绍万圣节的短文就很受学生欢迎。可见，英语动画片、简易读物等也是不错的学习材料，但采用的学校不多。相比之下，练习册反而使用较多，有的学校同时使用三本练习册，因过多而无法完成，只能选用部分练习。此结果说明，大多数学校采用课本及配套练习，补充材料少用或不用，选择各项补充材料的人数均在40%以下。课本是教学的依据，教师一般以完成课本内容为目标。方老师说她不看教学大纲和课程标准，教学只围绕课本开展。此结果与课堂活动频率调查的结果吻合，"运用型活动"频率最低（均值为2.76），其余3项较高（均值都高于3）。活动均围绕课本和练习册开展，如课本提供歌曲、童谣、角色扮演练习、附有中文意思的词汇表，练习册中含抄写、填空等练习（见表12）。

　　鉴于课本的使用率极高，有必要对课本进行简单分析，看其编制是否遵循教育部颁发的教学大纲。如前所述，教学大纲要求小学英语培养学生的英语学习兴趣和语言运用能力，而后者的重点放在培养简短会话能力和单词拼读和拼写能力。我们所看到的课本基本都围绕培养兴趣和运用能力编写。因为填写问卷的教师大部分使用的是教育科学出版社2008年出版的《英语》四年级课本，我们不妨以该课本上册的一个单元为例做些分析。

　　该课本以话题为纲编写，上册包括7个模块，前6个模块各有3个单元，话题是服装、职业、时间等，第7个模块是总复习。让我们看看第1模块的第1单元，其话题是服装。第1单元首先以配图形式呈现生词，如shirt、dress、shoes等，并以问句"What clothes would you like to buy?"为这些单词提供上下文，便于教师用问答的方式引入生词。接下来是8个活动。活动1是听读售货员和顾客之间关于购买服装的小对话，先听录音，后模仿朗读。活动2是角色扮演，根据所提供的服饰和价格，学生模仿活动1开展对话。活动3是唱歌，以听和唱的方式促进相关词语的学习，歌曲的首句是"My feet are cold"，后边接上"I'm putting on my socks. My feet are warmer now"。活动4是听诵童谣，重复本单元的生词，其中一句是"My socks are on the rocks"。活动5是以小组为单位根据所提供的句子做加法，一问一答，例如，"What's ten and twenty? Ten and twenty is thirty"。活动6要求学生听购物小对话，写出物品的价格再抄写对话。活动7是听录音并为书上人物素描的衣服涂色。活动8是小组游戏，小组一位成员根据例句描述任何一位同学的服饰，其他成员指认。

　　我们可以从内容、活动以及装帧设计三个方面来看该单元是否有助于激发学习兴趣和打造运用能力。此单元的主要内容是各种服饰的名称、价格和颜色，涉及日常英语的基本用法，贴近小学四年级学生的实际生活。内容编排包括购物情景，售货员与顾客的小对话以及基于此对话而引出的目标词，使学生易于接受并有助于提高兴趣。活动设计多样活泼，包括朗读、听说、听做、抄写、歌唱、咏唱、游戏、角色扮演等，而且将听、读、说、写结合训练，不鼓励孤立记忆单词，有利于促进运用能力的发展。课本的装帧设计也体现了激发兴趣的宗旨，9个活动中的6个配有颜色鲜艳而设计精美的插画，字体、字号及颜色均有变化。可见设计者考虑到了小学四年级学生的年龄特征和兴趣需要。由此可见，课本的设计和编写符合教学大纲的要求，为培养学习兴趣和运用能力提供了较好的材料。

　　下面来看教学设备和教具的情况（见表16）

表16 小学四年级英语课所用教具

条目	选项	人数	选"是"的人数	百分比（%）
第12题 您上课常用的教学工具是：	黑板	864	794	91.9
	中英文单词卡片	864	724	83.8
	图片、图画等	864	682	78.9
	录音机	864	640	74.1
	与教学内容相关的实物	864	619	71.6
	多媒体（包括电脑、投影仪、PPT等）	864	567	65.6
	光盘播放器	864	352	40.7
	自己制作或利用其他教学工具	864	254	29.4
	白板	864	178	20.6
	点读笔	864	126	14.6

　　问卷2第12题要求教师从选项中选择上课常用的教具。结果显示，使用黑板的比例最高（91.9%），其次是单词卡和图片，其他教具和设备如多媒体和光盘播放器也有教师使用。不过，从选择各项的百分比来看，电脑、投影仪等多媒体设备仍未普及，使用这些设备的学校比例仍然不够大（65.6%）。在访谈和课堂观察时我们发现，有些学校仅有黑板和破旧的录音机，音质极差，无法使用，以至于课本配套的录音也排不上用场，只能依靠教师带读。该校教师说下一年度学校会配备多媒体，他们翘首以盼。在另一所学校，我们听课的那个班专门换到多媒体教室上课，全校只有几间教室装有多媒体设备，各门课轮流使用。就教学设备而言，学校之间的差距较大，条件好的学校设备齐全，条件差的学校只有黑板加粉笔，而且桌椅破旧不堪。在表16所列出的各种教具中，使用率最低的是点读笔。外研社的《新标准英语》配有点读笔，使用方便，用它点击任何课文和对话，录音即刻播放。课堂上有教师用其配上麦克风，播放课文录音。课后访谈时有一文姓老师表示很希望学生人手一支，在家可以跟读课文，模仿录音，改善语音语调。只可惜价钱不菲（600元一支），不少家长称买不起。

　　综上所述，小学教师主要依据英语课本开展教学，活动类型较多，有着力提高英语学习兴趣和运用能力的，如看动画片片段和角色操练，有机械学习语言知识的，如孤立朗读、背诵和抄写单词。辅助教学材料和教具也呈多样化，包括练习册、英语报纸、多媒体、点读笔等。从教学大纲提出的培养兴趣和英语运用能力的目标来看，教师们基本上围绕此目标授课。我们观察到的英语课格局处在一条连续线上，一端是较为传统的课堂，以机械操练型活动为主，忽视兴趣培养和语言运用，另一端则是以兴趣运用为导向的课堂，更多采用运用型活动和兴趣操练型活动。下面各用一例说明。

5.2.3　课堂举例

受访的教师将小学四年级英语课分为新授课、复习课和测试课。顾名思义，新授课是开始教授一个单元的新课；复习课是在上完一个单元之后或在期中或在期末复习学过的内容；测试课用于单元、期中和期末等考试。新授课一般是先教生词，用一节课完成，另一节课教授课文。在此以两节新授课为例。

例一是刘老师的一节新授课，地点为一所城乡结合部的小学，就读学生大部分是农民工子女，家庭经济条件比较差，一般没有录音机和电脑。学校的教学设备也差强人意，教室里只有黑板，录音机由教师保管，但因破旧而无法使用。该课的内容是6个新单词，教师逐一讲授，所采用的模式是：用图片呈现单词（正面是图，背面是单词），教师或发音好的学生领读，其余学生跟读，形式有全班读、单个读、小组读、男女生分开读。读的内容除了单词，还有其中文意思和拼写，例如，单词 need 的读法是"need，need，需要，n-e-e-d"。该教学方式应用于每一个单词，循环反复，在此过程中穿插着教师的简短讲评、纠正错误发音、表扬或批评。该教师的表扬一般是对发读音准的学生简单地说声"好"，然后叫该生带读几遍，批评和纠错时反复说："我已强调过了，你们还是读错。"把学生发音不准的原因归结为方言影响，几次批评学生平时不讲普通话，只说方言。纠错的方法是叫学生跟读和注意观察他发音的口型。整节课都是朗读和拼读单词，未把单词放到句子里操练，也未创设任何语言使用情景，属语言知识导向型课堂。虽然此教学方式看起来单一枯燥，但课堂气氛却很活跃，笑声不断。学生齐读时发音准确，单独起立读时却五花八门，juice 读成 jor, ja, juicer；how much 读成 how ma, how mas。老师批评学生带着本地口音读英语，还批评他们在书上用汉语标注发音，如 dear 标上"弟儿"。全班哄堂大笑，非常开心，受批评的同学跟着大家一起笑，看不出丝毫尴尬，似乎老师的批评并不会打击他们的兴趣和信心。

例二是方老师的一节新授课，地点是一所以英语为特色的民办学校，地处市区，含小学、初中和高中部。由于学费不菲，该校学生家庭经济条件普遍较好，一般都有录音机，学校发放课本配套的录音带，做家庭作业和预习新课时均会聆听录音和跟读。该校小学四年级学生每周5节英语课，其中一节是口语课，由英语为本族语的外教担任。是受访学校中唯一每周安排5节英语课且有外教上课的学校。学生总体英语水平较高，发音比较准确，不少学生答问时英语流畅自然。学校设备完善，教室装有多媒体。该课是新授课，重点是5个数词，教师采用了多种活动，如朗读和跟读单词和句子、说绕口令和童谣、做猜测游戏、配对操练、拼读和拼写单词句子等。而且，单词一般放在句子里教，使之有一定的语境。操练有机械的练习，更有自由度较大的对话。例如，教师在屏幕上给出四种句型，学生配对自由选择操练，不少学生根据教室里的实际情况问答，如一个学生问教室里有几盏日光灯，他的搭档据实回答。另外一项真实感颇强的活动是师生问答，教师在屏幕上放出一张画有2008年奥运会奖牌的图画，上面写有中国和美国的奖牌数量，老师提问数量，学生回答。很明显，学生对此颇感兴趣。此节课气氛也很活跃，学生注意力集中，踊跃举手发言，可视为以兴趣和运用为导向的课堂。下面将两节课的活动种类和时间占比总结于表17，便于比较。

表17　小学四年级课堂活动与气氛（时间比例）

课堂活动与气氛	例一 刘老师		例二 方老师	
	秒	%	秒	%
课堂管理	75	3.6	41	1.4
朗读（包括拼读与教师讲解）	1,869	90.1	898	31.2
口笔头练习（写单词、做题）	131	6.3	322	11.2
操练（师生、学生配对）			689	24
玩练（童谣、绕口令、游戏）			361	12.6
听录音			327	11.4
学生总结语言知识			238	8.2
总计	2,075	100	2,876	100
	（34分58秒）		（47分9秒）	
集体笑声	32次（51秒）		4次（9秒）	

从表17和上述对两节课的描述可以看出，它们至少有4点不同。第一，时间差异。例一是34分58秒，例二是47分9秒。从访谈得知，例一的课长是35分钟，刘教师按时下课；例二的课长是40分钟，那天方老师拖堂。拖堂也许跟我们听课有关，准备的内容较丰富。不过从课后的学生采访得知，此节课与平时无异。根据我们的要求，学生列举平日常做的活动，对比后发现与此节课大同小异。第二，教学设备差别大。例二有多媒体设备；而例一仅有黑板、粉笔和课本配套的单词卡片。第三，例二的学生水平大大高于例一的学生，前者可以流利地进行简单对话，而后者的许多学生连基本单词的发音都未掌握。第四，例二的活动种类比例一多，而且更有益于能力的培养。前者将单词置于一定的上下文和情景中学习，后者却孤立地操练单词。因此例二中的时间较均匀地分配给各种活动，例一中90.1%的时间都用于朗读和拼读单词。然而，尽管有如上差别，两节课的课堂气氛同样活跃，学生都是兴致勃勃，高声朗读，积极举手，争先恐后地答问，甚至老师没有提问时也有学生自发回答或呼应老师的评论。出乎意料的是，虽然例一的活动单一，但学生兴致很高，笑声不断。Alderson & Hamp-Lyons（1996）曾用课堂上的笑声作为指标之一，评判英语课堂的气氛，发现考试训练课上记录到的笑声远远少于普通英语课，气氛非常沉闷。我们也用笑声作为指标，评判学生上课时的兴趣，结果发现，例一的笑声甚至超过例二，说明即便只是反复朗读单词，学生兴趣也不减。我们的印象是，无论课堂活动是否丰富多样，小学四年级的学生对英语都颇感兴趣。也可以说，在这个年龄段，只要接触新东西，唤起兴趣并不困难。

5.3 时间安排

调查结果表明，小学四年级的英语学习时间偏少，多数学校没有达到教学大纲提出的每周4学时的要求。在受访的8所学校中，时间安排有较大的差异，分别为每周2、3、4、5学时，每学时35或40分钟，受访教师一致表示时间匮乏，只能勉强完成教学计划，教完英语课本的内容。他们设法争取更多时间，如早读的15至20分钟。在每周仅安排两节课的学校，教师只得申请占用其他课的时间，特别是在期末，美术、音乐、科学等课程一般较早完成教学计划，英语教师就"要一些他们的课时来上"（张老师、文老师）。与学校之间的差异相比，学生个人学习英语的时间差异更大，有些从幼儿园便开始参加新东方、灵格风等机构开办的英语兴趣班，接触英语的时间是其他同学的数倍，这也许是造成学生英语水平差异颇大的原因之一。另外，教师们认为英语课的时间安排在质量上与数学语文课也有较大差异，"英语课都不是好时段，上午3、4节或下午1、2节，都是学生爱打瞌睡的时间，下午第1节许多学生都是趴在课桌上度过的"（李老师、林老师）。最后，由于教育部对小学生课外作业的时间有严格规定，受访教师反映很少利用课外时间组织英语学习活动。因此，教师普遍有依赖家长督促学生的倾向，所有受访教师都谈到家长的重要作用，认为家长如果能督促甚至帮助学生学习，学习才有保障，否则很难学好。张老师说，"我们班英语前几名的学生全都在补习班学英语，这是家长的决定"。总之，小学四年级英语学习时间普遍偏少，这是制约学习效果的一个重要因素。而且，这有限的时间还要分出一部分用于测试评估。为此，有必要调查小学四年级英语的测试评估如何开展，看其是否促进教学并有助于达到教学目标。

5.4 测试评估及其对教学的影响

　　测试评估是教学的一个重要环节，能为教师、学生、家长、教学管理层提供反馈信息，并对教学产生影响。关于这方面的情况，我们采用三种方法开展调查。一是通过对教师的访谈和课堂观察，了解小学四年级英语的测试评估格局；二是编制问卷条目，在更大范围内进一步调研；三是分析试卷，从不同的角度验证数据并了解更多的考试细节。下面是调查结果。

　　问卷2的第13题调查小学四年级英语的测试评估类型，结果列于表18。由此可以看出，测试的频率较高，包括单元测验，期中考试，区或市里组织的英语抽测等。使用单元测验的教师比例最高，占85.2%。英语抽测实际上是统一的期末考试。回答问卷调查的教师有52%表示其学生接受抽测，接受访谈的教师无一例外地确认有此考试。

表18　小学四年级英语课测试评估类型

条目	选项	人数	频率	百分比（%）
第13题 您教学中采用的 评价包括：	每课一测	864	209	24.3
	单元测验	864	733	85.2
	月考	864	115	13.4
	期中考试	864	678	78.5
	区或市里组织的英语抽测	864	447	52
	学生平时表现记录	864	438	50.9
	其他	864	31	3.6

除了各类测试频率反映的情况之外，访谈和课堂观察还显示，测试内容从教学内容中提取，题型多样化，有的要求听录音选择单词句子、给图画标号、连线、匹配，有的要求根据文字或图画提示做选择、填空、匹配等。以听的方式考查句子单词的试题较多，通过阅读考查单词句子的试题次之。真正考查阅读技能的题目较少，一般只用一篇短文和几道多项选择题考查理解。一部分题目在单词和句子层面考查写英语的能力，通常是抄写。例如，考试给出一些单词，学生根据词义分类，将它们分组誊抄，此类题考的重点是词汇知识。口语考试极少见，原因是"口试很难开展，学生多，时间少，只好放弃"（魏老师）。学生平时成绩由教师根据自设的标准去记录，主要功能是激发学习动力。一位朱姓老师说，"我在他们的课本或练习本上粘上贴片、盖章、画小花和红旗等，攒到10个就可以换一个礼品"。平时成绩的另一个功能是用于调整期末总分，朱老师还说，"平时成绩不好的学生如果期末考了90分，总评分就只有80分，会被拉下来"。另有老师也如此操作。

我们将上述调查结果编制成问卷条目，向更多教师发放，了解和验证语言知识和听说读写技能的考查频率，结果见表19。

表 19　小学四年级英语测试考查各种内容的频率

第15题：您的学生参加的所有评价和考试中，各种内容考查的频率如何？	N	极小值	极大值	均值	标准差	因子得分	标准差
1）词汇知识	864	1	5	4.22	.74	4.00	.60
2）语法知识	864	1	5	3.32	.95		
3）听	864	1	5	4.26	.77		
6）写	864	1	5	4.13	.84		
4）读	864	1	5	3.66	1.19	3.47	1.12
5）说	864	1	5	3.27	1.20		

1=从不　2=很少　3=有时　4=经常　5=很频繁

从表19来看，考试重心是听力和词汇知识，这两项得分最高，口语得分最低（3.27）。语法知识虽然得分较低，但在因子分析结果中与听、写及词汇知识同属一个因子，而考查读和说的条目则属于另一个因子（见3.4.4）。两个因子得分的均值分别是4和3.47，两者的差异具有统计上的显著意义（t = 12.96, p = .000），说明考查语言知识和听与写的频率确实高于考查读和说的频率。

　　上述分析主要基于教师的主观观察、感觉和描述，还需多一个角度加以验证。于是我们从收集到的小学四年级单元测试卷和期末统一考试卷中随机抽6份，以小题为单位分类，计算出考查各种内容的题目所占的比例，结果列入表20。

表20　六份小学四年级英语测试内容分析

语篇层次	考查内容									
	听				读			写	语法	总数（%）
	听+匹配	听+理解	听+读	听+写	读+理解	读+写	读+抄写	写		
字母	5									5（1.3）
单词	31	28		15	30		27	18		149（40）
短语	7				5					12（3.2）
句子		57	20		15	18		10	10	159（42）
对话			20		16					36（9.5）
短文			5		10					15（4）
总数（%）	43（11）	85（23）	45（12）	15（4）	76（20）	18（5）	56（15）	28（7）	10（3）	376（100）
	188（50）				150（40）			728（7）	310（3）	

　　表20从知识技能和语篇层次两个方面呈示分析结果。6份试卷共有376道小题，考查听、读、写与语法知识，各部分比例不等，牵涉到听的小题最多，占50%，考查语法知识的题目最少（3%）。不过各项技能不可能完全单独考查，例如，听对话或短文并做多项选择题时，不仅需要听懂录音材料，还需读懂各个选项（在此排除凭猜测答题的做法），既考查了听力理解，也考查了阅读理解。表20中听、读、写仅凭卷面所显示的内容分类，如果一小题在试卷中属于听力部分，我们就将其列在听力一栏中。但是，题目考查的范围不限于听力，如听录音写单词的题目就涉及写的技能，听句子选择最佳答案的题目涉及读懂选项的技能，因此，表20在听、读、写各列下面均标明所涉及的其他技能或渠道。虽然许多小题涉及不同的语言接受和语言产出技能，但从语篇层次看，所考查的内容大多是知识而非听读技能，如通过听力所考查的往往只是单词的意思。单独考查单词和短语的题目占比最大，

两项加起来占比43.2%，听对话和短文的题目占比最小（分别为9.5%和4%）。

值得注意的是，从所分析的6份试卷来看，考查使用了较为丰富的题型，有配对、填空、正误判断、多项选择、根据指令或提示写单词句子等。这些题目有两个特点。一个特点是，根据理解和判断去作答的题目比例较大，如配对、选择和判断题，而要求真正动笔写的题目较少，只在填空和专门考查写的题型中才用到，其中还包括抄写和根据所给单词填空或组词成句。只有用汉语或图画提示时，考生才需凭借词汇及语法知识动笔写出单词和句子，这类题目占比很小。另一特点是，提供的情景不够丰富，通常把单词从上下文中剥离出来单独考查，易致学生孤立地死记硬背单词的基本意思和拼写，对学会在上下文中恰当运用词语帮助不大。还值得注意的是，语法知识的考查采用单句多项选择形式。题目给出一个句子或两句组成的短对话，针对某个语法点挖空，考生从三到四个选项中选择正确答案填空，使句子意思完整。这是一种在极小语境中考查语法知识的做法，针对这样的考题进行大量练习，对学好英语不利。例如，在广西教育出版社出版的《新课程学习与测评》中，有这样一道题：Hurry ＿＿＿＿. The bus is coming. 所提供的三个选项是 up, for, on。此题将固定短语 hurry up 拆开，用 for 和 on 来扰乱学生的记忆，以便于考试用。若无这样的干扰，学生应该不会用错，因为在正常语境下，他们绝不会看到 hurry for 和 hurry on 表达"赶快"的意思。可见，学生所犯的一些语言错误极有可能来源于不当的测试和练习题。

上面讨论了小学四年级英语测试的内容、题型及重点，下面来看看测试对教学的影响，把焦点放在市和区的统一考试。相关数据是通过问卷2中的四个条目收集的，分析之后的结果列于表21。

表 21　区和市统一抽测对教学的影响

条目	N	极小值	极大值	均值	标准差
20-3 对区或市里组织的英语抽测，考前我会给学生进行有针对性的训练。	864	1	5	3.82	.823
20-2 对区或市里组织的英语抽测可能考到的内容我会提醒学生注意。	864	1	5	4.06	.701
20-1 区或市里组织的英语抽测所采用的题型我会专门给学生练习。	864	1	5	4.07	.778
14. 区或市里组织的英语抽测对您的教学产生影响的程度如何？	864	1	5	2.85	1.06

第20-1至20-3项：1=完全不同意　2=不同意　3=一半同意一半不同意　4=同意　5=完全同意
第14项：1=没有影响　2=影响很小　3=有一定影响　4=有较大影响　5=影响很大

因子分析将这四个条目归于因子4（见3.4.4），代表市或区的英语抽测与教学的关系。从第20题三个条目的得分来看，考试对教学有一定影响，因为平时教师不仅会针对考试的内容和题型帮助学生做好准备，还会在考前专门开展训练。但是，教师们主观上倾向于否认统考对教学的影响，第14题的得分均值是2.85，小于3，说明填写问卷的教师整体认为统考对教学影响较小。这点在访谈数据中得到印证，接受访谈的教师均表示统考成绩对他们影响很小。虽然各校需要向区、市教研室上报统考的平均分、合格率和优秀率，但上级主管部门并不以此给学校排队，也不向社会公布成绩。在学校内部，各班学生的统考成绩与教师的绩效工资挂钩，但差别较小，在几百元以内，受访的每一位教师均表示不在乎奖金中几百元的差距。因此我们得出结论，在小学四年级阶段，虽然各区各市均举行统一考试，但对教学影响不大，即后效不强。第20题的三个条目所陈述的各种做法属一般备考行为，未影响整体教学。

关于小学四年级的英语测试和评估状况，可总结出以下四点：第一，小学四年级的英语测试比较频繁；第二，考查重点是单词、短语和句子层面的知识，所提供的上下文少，语境不够丰富，仅局限于句子或很短的对话层面；第三，忽略口语测试，不管是校内还是区和市的统一考试，通常不考口试；第四，市或区的统一考试对小学四年级教学有一定影响，但未形成系统的应试教学，这点值得庆幸。

5.5 讨论

从调查结果得知，在教学目标和活动多样化方面，小学四年级的英语教学基本符合大纲和课标的要求。总体而言，课堂活动形式多样，课堂气氛活跃，教学目标比较明确，重点培养学生的兴趣和基本听说能力以及基本词汇知识。这一发现与以往一些调查的结果有较大差异。王淑芳（2008：173）发现，小学课堂"老师满堂灌，灌完了就让学生背，背过之后就做题"。李星梅（2008：36）也发现，大多数教师（76%）在教学中采用语法讲解加学生操练的教学模式，而且花在讲解上的时间远远超过学生操练的时间，有些教师每堂课70%的时间用于讲解。其他研究也发现小学英语教学方法陈旧单一，枯燥乏味；大部分时间是教师带读和讲解单词和课文，有些甚至逐句翻译课文（刘润，2004；付习涛、杨小燕，2006；李莉、罗再香，2007；王家和，2008；张扬，2012；栾慧，2013）。在外语教育较为发达的上海市区，小学英语课堂也不例外，"气氛比较活跃，学生积极性也很高"的课堂占比仅20%（束定芳等，2003）。不过，从调查时间和地点来看，落伍的教学恐怕不是普遍现象，而是早期状况和农村地区的现状（见束定芳等，2003；李星梅，2008，王淑芳，2008，栾慧，2013；李涛、田晓红，2013）。综合考虑上述研究以及本研究的发现，可以推测，从新课标于2001年颁布以来，经过十几年的改革与广大外语教育工作者的努力，小学英语教学已有较大改善。一些近期研究与本研究的调查结果相近。潘清（2012）观察到，小学英语"教法比较灵活多变"，学生的学习兴趣较浓厚。另一项调查发现，即便是农村学校，77.9%的教师在上课的时候能使用多样化的教学方法（李晓兰，2014）。由此可见，在过去十来年里，小学英语教学看来取得了不小的进步，更接近教学大纲和课标的要求。

但是，小学四年级英语教学在教学材料和设备方面还有待改善。本研究发现，教学中除了必定要用英语课本之外，其他辅助材料如英语小故事、动画片等却极少使用。教学计划和进度完全紧跟英语课本内容，上述多样化活动主要用于操练和巩固课本知识，不敢越雷池一步。有研究发现类似情况，"许多教师仍然将教材视为《圣经》，教材内容一点儿不敢变"（张扬，2012：20）。教学设备在许多学校仍然匮乏，本研究涉及的学校相当一部分仍未配置光碟播放器、多媒体等设备。这种情况在小学是常态，农村学校尤甚（潘清，2012；栾慧，2013；余胜映、余胜培、吴华兰，2013；李涛、田晓红，2013）。可见，教学过度拘泥于课本与教学设备匮乏制约着小学四年级英语教学进一步提高效率。

与教学相比，小学四年级阶段的测试评估差强人意，存在不足之处。首先，测评普遍忽略口试，学生的基本口头表达能力似乎不用考查；其次，考查内容偏重语言知识，主要是词汇和语法知识，考查听读技能的题目很少；再次，试卷仍然使用单句多项选择题考查语法知识，这不仅不利于兴趣培养和能力发展，还会降低学习兴趣和误导学生。这样的题目在我们分析的试卷中虽然只占百分之三，但其危害性不容忽视。每单元学习结束时必有单元测验，学生刚学会一些词语和表达方法就被这样的题目干扰，学过的知识恐怕又丢掉了。更糟的是，5道这样的题目必配有10个或者15个干扰项，均为语误。学生长期接触此类偏误有百害而无一利，势必产生负能量，影响后续学习。因此，在小学的所有英语测试中，应该杜绝这样的语法选择题。

此外，教学时数不足是小学四年级英语教学的一大缺憾。我们观察的学校每周英语课时为2至4个课时，唯一例外的是一所民办外语学校，每周有5个课时。其他研究也发现，许多小学每周仅2至3节英语课，每节40分钟（郇芳，2014；栾慧，2013）；有些学校仅安排1节课（李晓兰，2014）。从课时安排来看，许多学校未达到大纲的要求。从外语学习的规律来看，外语需要大量的接触才能学会。即便按大纲要求每周安排4课时，如果课后仅仅记背和朗读单词句子，无其他方式接触英语，学习时间仍然不够。对于儿童，本可安排适合他们的课外活动以弥补课时的不足，而教学大纲和课标也要求大力开展课外活动，因种种原因却无法实现。若布置课外看故事，恐怕又超出教育部对小学课外作业量的规定；若鼓励学生上网观看英语动画片，恐怕家长又不允许。齐家媛、崔宇宁（2014）的调查也有类似发现。总之，小学生接触英语的时间非常有限，同时又要想培养其英语运用能力，矛盾十分突出，难以破解，学习效率也难大幅提升。

教学中最为重要的，是教师对英语教学的信念和学生对英语学习的兴趣。调查发现，绝大多数教师对教学目标的看法与大纲吻合，相信教学的长远目标是培养学生的英语运用能力。为达此目标，他们尽量照顾学生的兴趣，哪怕是训练单词朗读，也会用不同的方式提高趣味性。相似发现也有报道（如王磊，2012；胡姝钰，2013）。教师观念的形成可能与新课标的推广有关，也与近年英语课本的编排有关。前边提及，学校使用的英语课本体现了大纲和课标的要求。另外，近年各级教育部门举办各种培训班（如国培班），使教师有机会接触到外语教学界的前沿理论，对更新教师的知识和改变教学理念起到了一定的推动作用。因此，调查所涉及的教师绝大部分认同大纲和课标设定的教学目标和方法，致力于培养学生的兴趣和提高他们的英语运用能力。

提高小学生的英语兴趣不是一件难事。在我们的每次观察中，课堂气氛都很活跃，这不仅归于教师的组织和管理，也与儿童天生的好奇心和求知欲有关。即便是在一节机械单调的英语课上，学生仍然兴致勃勃，笑声不断（见5.2.3）。学习内容无新信息似乎也无关紧要。小学课本采用的话题贴近学生生活，几乎都是熟悉话题，新信息很少。对于儿童，用新的语言表达熟悉的内容已够新奇，足以引发浓厚的兴趣。需要注意的是，据老师们反映，在小学一至四年级，学生的积极性容易调动，到了五至六年级，学习兴趣便越来越低。一个解释是，语法内容增加（如动词的时态、名词单复数、各种句型等），学习困难加大，导致兴趣减弱。潘清（2012）有相同的发现，认为是学习难度影响兴趣。就本调查所涉及到的小学四年级课堂而言，教师们已经成功地营造出活泼有趣的课堂氛围，使得学生愿意学也乐于学。成功的前提是，规避语法规则的讲解，不要求学生理解并死背规则，过度挑战其认知能力，因而产生挫败感，扼杀学习兴趣。以动词 to be 形式的学习为例，访谈中有一位老师反映，不论怎样讲解和操练，一部分学生始终无法理解何时用原型 be，何时用 am，are 和 is。一种更合理的办法是，对这些学生不要求理解语法规则，只需将 I am...，You are...，He/she is... 等作为语块来学习，让动词的不同形式跟着句子走，不必解释。到了中学阶段，随着认知水平的提高再理解也为时不晚。只要兴趣得以保持，发展运用能力的目标就能实现。在我们进行课堂观察时意外发现，因为兴趣，学生习得了几句简单日语。课间几位学生告知，他们非常喜爱日本动画片，还说通过看动画片学会了一些日常口语，随即展示了他们的日语小对话。细问得知，除了上网看动画片，他们从未学过日语。足见学习兴趣的重要性，兴趣所致，无师自通。

综上所述，针对本子课题的研究问题，我们可以得出如下结论：就小学四年级的英语教学而言，学校之间存在较大差异。教学方式有传统语言知识灌输型的，也有兴趣加能力培养型的。在大多数情况下，教学基本符合大纲提出的要求，教学活动朝着培养学习兴趣和运用能力的目标迈进，这与教师的教学理念得到更新有关。需要改进的地方，一是教学设备比较匮乏；二是英语学习时间严重不足。

第六章
初中二年级英语教学现状（子课题 3）

　　子课题 3 拟回答的问题是：初中二年级英语教学的现状是什么？针对该问题开展研究，我们采用了与子课题 2 一样的路径，重点调查人员要素（即教师和学生）的行为动机与行为模式，还调查教学目标和教学活动，同时关注教学时间安排、教材设备等非人员要素。由于教学目标由教育主管部门制定，我们首先研读了初中英语教学大纲（2001）和英语课程标准（2011），了解到它们对初中教学的要求有以下共同点：1）教学目标定位于培养学生的英语综合运用能力，听、说、读、写技能全面发展；[1] 2）教师在课堂上要创设丰富的交际活动情景，体现学生的主体地位，通过大量的语言实践活动培养语言运用能力；3）要激发学生的学习兴趣，使学生从阅读中获得乐趣，课外阅读量不低于 10 万字，这意味着学生不仅要在课内精读课文，还要在课外进行大量泛读；4）测试评估要考查语言运用能力，笔试中要取消单纯语音知识题，减少单纯语法知识题，重点考查听、说、读、写能力，口试要列入学期、学年考试项目；5）教师要充分利用音像设备、多媒体等现代化教育资源辅助授课，每周教学时间为 4 课时。以上要求为我们开展后效研究提供了指导性框架，指引数据采集和分析。

　　初中二年级监测后效调查按计划顺利进行，获得必要的基准数据，这里按以下顺序陈述调查结果：教师和学生的信念、课时安排情况、教

---

1 英语课程标准提出的总目标还包括情感态度、学习策略和文化意识等其他方面，以便既体现英语学习的工具性，也体现其人文性。为了突出研究重点但受限于研究的可行性，本研究未涉及这些方面。

学活动及教学材料与设备、测试评估，最后回答研究问题并讨论初中二年级教学现状。

6.1 教师和学生的信念

如前所述（参阅 5.1），教师信念指"教师对于学校教育、教学、学习和学生的看法"（Pajares，1992：316）。据此定义，学生信念应指"学生对学校教育、教学、学习的看法"。本课题针对英语学习，调查教师和学生所认同的学习目标和学习方法。调查结果表明，师生对学习目标的看法与大纲和课标提法基本吻合，既赞成培养英语综合运用能力，也赞成采用接近真实语言使用的学习活动，如听读故事和看视频节目。此外，他们还非常重视语言知识的学习，为中考做准备。

从访谈和课堂观察数据来看，师生们坚信学习词汇和语法知识的重要性，认为掌握了词汇和语法规则便获得了语言综合运用能力。他们对词汇学习的看法非常一致，在访谈中明显表现出来。有的老师提到，"现在学生最大的困难是词汇"。有的老师反映："学生的学习主动性太差了，不愿意背单词。"有的老师说："我们的学生自觉性差，只能靠老师一点一点地帮他们，帮他们记单词……所以每次上课都听写单词，每个词基本要听写三遍"。还有的老师说："每天课后的作业一定有背单词。"由此可见，教师们视单词为英语学习的核心。毫无疑问，词汇知识越多越好，否则打造语言运用能力就成为一句空话，关键是怎样帮助学生获得词汇知识并将其有效地应用于语言交流使用当中。师生们通常的做法是讲、读、背、抄，而且是脱离情景和上下文去借助词汇表和汉语翻译完成的。语法学习所采用的方法也跟词汇学习相同。教师们认为语法规则也需牢记。有的老师说："每天早上的20分钟早读时间全部用来读单词，因为读会了单词，才能操练句型，学习语法。"有的老师反映："我们的学生基础差，我就是精讲多练，一个知识点反复做。"有的老师每堂课遵循"英语课堂教学四步法"，词汇和语法知识学习贯穿始终。第一步是听写或默写前一天上课学的语法词汇知识；第二步是讲解当天学习的新知识；第三步是能力拓展，指的是讲新词汇时联系学过的同义词或词组，第四步是做练习巩固所学知识。在教师们看来，教英语就是让学生反复学习和操练单词和语法规则。因此，英语课本里用得最多的是单词表，课前课上看着读、看着听，课后看着抄、对着背，反反复复，记了忘，忘了记。这样的学习方式带给大多数学生的是枯燥乏味的经历，难有成就感，难以提高英语运用能力。然而，学生们似乎坚信英语学习就该如此。受访的学生谈到课余时间如何学英语时，都说背单词和记语法规则。

教师们虽然强调语言知识，但也赞同教学大纲和课标提倡的培养运用能力。之所以没有全力打造运用能力，他们归因于中考英语。有的老师认为中考英语80%的内容取自初中二年级阶段的学习，特别是语法词汇知识，初中二年级教学不能无视中考的要求与形式。有趣的是，当问及倘若没有中考应该如何开展教学时，受访老师的看法立即改变。如有一位老师说："我会用完全不同的方法。会带学生出去参观，看到什么说什么，他们听我说完就可以学着说。如果能找到英语为母语的外国人更好，让学生跟他们交流。"即便是采用当下的教学方法，当问及初中二年级结束时学生的英语水平应该达到什么标准时，被问的老师并没有用词汇量和语法知识来衡量，反而说学生应该会用英语做一些简单的事情，例如碰到外国人时可以给他们指路和进行简单对话。另一位老师也认为初中二年级结束时学生的英语应该是听得懂、说得出。有一位老师介绍了她认为有效的语言知识学习方法，接着说到："虽然考试的分数得到提高，学生仍然不会听和说，听只限于听懂课文录音。"可见英语学习并未显著提高运用能力。一方面教师们并不否认学习英语是为了运用，教学的终极目标是培养英语综合运用能力；另一方面又过度强调语言知识和中考影响。对于这种言行自相矛盾的现象，我们的理解是：在教师们看来，语言知识是基础，打好知识基础，运用水到渠成，而中考是初中教学的当务之急，把教学重点放在语言知识上，可兼顾中考所考查的内容。对于初中教师和学生，备考天经地义，一旦中考失利，便不能进入高中，进而影响上大学。至于现行教法能否有效提高中考分数，我们不得而知，需另做研究。

提高英语综合运用能力，不是一朝一夕之事，在问卷调查中我们换了一个角度，问及学习的长远目标，用6个条目测量这一信念。同时，我们用另外6个条目了解师生对学习活动的看法，因为要想取得某个学习目标，需要相应的学习活动配合（见教师问卷2第19题和20题，共12个条目）。问卷数据经过分析，各条目均值及因子分析结果列于表22。

表 22　初中阶段英语学习的长远目标与教学中的期望行动

活动类型	条目	N	极小值	极大值	均值	标准差	因子得分均值	标准差
因子 4 期望行动	19-2 应该看和听故事	2253	1	5	4.00	.864	3.98	.633
	19-3 看英语时应记得汉语意思	2254	1	5	3.97	.826		
	19-4 应该学好基本的语法知识	2256	1	5	3.89	.978		
	19-5 应该用英语简单交流	2257	1	5	4.03	.849		
	19-6 应看英语动画和电视	2250	1	5	4.08	.857		
因子 5 实用型学习目标	20-2 为找到好工作	2258	1	5	3.55	1.11	3.78	.76
	20-3 为出国留学或工作	2256	1	5	3.75	.977		
	20-4 为在生活中运用英语	2248	1	5	3.73	.995		
	20-6 为与他国人交流	2249	1	5	4.15	.900		
因子 9 学业型学习目标	20-1 为获取文凭	2257	1	5	3.77	1.071	3.97	.79
	20-5 为中考高考取得好成绩	2254	1	5	4.19	.817		

1=完全不同意　2=不同意　3=一半同意一半不同意　4=同意　5=完全同意

　　表 22 显示，因子分析将 19 题的五个条目归入因子 4，代表期望行动，是教师和学生认为学好英语应该开展的活动。这些条目中有的代表传统观念，如学好语法知识和汉语辅助操练（见 19-4，19-3）[1]，有的反映现代观念，如开展交际运用型活动（见 19-2，19-5，19-6）。因子分析表明，这两类做法同属一个因子，说明师生们对两类做法持相同态度。但是，各条目的均值不同，代表交际运用型活动的三个条目均值全部超过 4（见 19-2，19-5，19-6），代表传统做法的两个条目均值相对较低，但也达到 3.89 以上。由此推测，填写问卷的师生高度赞同接近真实语言运用的英语学习方式，与访谈和课堂观察到的情况不符，因为受访师生更加重视用

---

[1] 19 题的第一个条目 19-1 是"学好词汇"（均值为 3.37），在因子分析结果中属因子 2（语言知识操练），与课堂上的"朗读单词""做语法词汇练习题"等条目归在一起，所以未在表 22 列出。

传统方式去获取语言知识。此外，问卷反映的期望活动与课堂上实际开展的活动相比，两者之间也有差距。表22显示，代表交际运用型活动的条目均值都在4以上，高出代表传统活动条目的均值。但是，在表24（见6.3.1），代表交际运用型活动的因子1的均值低于代表语言操练的因子2和因子10，而且差异具有统计显著意义（见6.3.1，表25）。这些数字说明，一方面师生认为应该通过接近真实语言使用的活动培养运用能力；另一方面他们在实际教学和学习中并未付诸行动，课堂课后此类活动的频率最低也就不足为奇。

表22还显示，调查师生对学习目标看法的6个条目属于两个因子，因子5代表实用型学习目标，即学习是为了能与说英语的外国人交流，而且有利于将来出国和找工作。因子9代表学业型学习目标，学英语是为了通过考试获得文凭和升入高中和大学。后者的均值略高于前者，t检验表明差异具有统计显著意义（t=-10.10，p=.000），说明中考对初中二年级英语教学和学习的影响不容忽视，应付中考是学习的目标之一。因此，有必要分析中考对初中二年级教学的影响，以及初中二年级教学中的总体测试情况，这在后面详细讨论。

6.2 时间安排

时间是学好英语的必要条件。调查显示，初中二年级的英语课时安排达到甚至超过了大纲要求的每周4节。在接受调查的6所学校，每周最少5节英语课，最多8节。一些学校每周仅休息一天，从周一至周六每天均有英语课。除了上课，学生每天有英语早读，放学后至少花半小时做英语作业，部分学生还在周末及寒暑假参加校外英语辅导班。可见初中二年级阶段学习英语的时间比较充裕，大大超过小学四年级。这些时间如果合理使用，教法得当，学生的英语综合运用能力必有长进。从调查得知，无论是课内还是课外，这些时间大多用于学习语言知识，对能力的提高帮助不大，从下面的教学活动可见一斑。

6.3 教学活动及教材与教具

教学活动指课堂活动和课后家庭作业，是调研的重点，借此了解教学的内容、方法及重点，了解教学是否依据大纲和课标着力培养学生的运用能力。由于教学活动一般基于教学材料，同时需要借助教辅工具，故将三者一并陈述。根据访谈和课堂观察数据，我们归纳出10项主要课堂教学活动，同时列出配合活动开展的必要教学材料和教学设备（见表23）。

表23 初中二年级英语课堂活动及教材和教具

编号	活动	内容	方式	所用材料及教具
1	朗读	单词，句子（及其中文意思），课文，单词拼写，语法规则	跟老师读，跟录音读，跟同学读，全班或小组齐读，个人朗读	课本，黑板，多媒体
2	听录音	课文，配套练习材料	听课文划生词，听课文划重点句型短语，听材料做理解练习	课本及课文录音，配套练习及录音
3	听写	单词短语，句子	老师读，放录音，学生写	课本，练习册
4	阅读	课文，配套练习中的文段	默读，读后讨论，读后翻译，读后做题（填空，判断正误，多项选择等）	课本，配套练习册，英文报纸
5	操练	单词短语，固定表达法，句子句型	师生问答，学生配对问答，小组问答，角色扮演	课文，图片，多媒体
6	唱歌	歌曲，童谣	全班齐唱或朗诵	
7	教师讲解	背景知识，单词短语，课文内容和结构，语法规则，语音语调，拼读规则，学生作业，考后试卷	老师讲，学生听，做笔记	课本，配套练习册，英文报纸，黑板，多媒体
8	笔头练习	单词短语，句子句型	学生做题，老师随堂讲评	课本，练习册，英文报纸
9	学生总结语言知识	单词、语法规则	学生独立找出重点单词和句子，配对或小组讨论，向全班汇报结果	课本，练习册，英文报纸，实物投影仪
10	课堂管理	组织安排活动，整顿纪律，奖励，	老师发指令，学生配合	黑板

从访谈得知，各个学校的初二英语课教法相似，上课流程也相似，均以课本的模块为单位。上课的第一步是学习生词、短语和语法规则；第二步是听、读课文，教师讲解课文，学生操练；第三步是复习模块的语法词汇内容。此过程中的各项活动列于表23。从表中看出，活动形式多样，并不限于教师讲解学生聆听，学生还做听读和口笔头练习。不过，绝大部分活动围绕单词、词组和语法规则开展。以学生总结语言知识为例，此活动的目的是将一个模块中所学的生词、词组、语法知识从上下文中剥离出来，以某种便于记忆的方式写在作业本上，作为重点背诵的依据。一般做法是，学生独立整理，然后小组讨论并向全班展示，最后老师指出疏漏之处，加以补充。受访的顾老师称此活动为"画思维导图"，目的是"把书读薄"，书薄了，内容少了、精了，就容易记住，"复习时只看那几页就行了"。由于开展了这项活动，她所教的班考试成绩提高了，因此被认为是高效学习活动。值得注意的是，课标所提倡的一些活动，如"能激励学生用英语做事情，特别是用英语获取、处理和传递信息的活动"，受访教师并未提及，课堂观察也无记录。即便是做阅读练习，极少是为了获取信息，一般都模仿考试，读短文做选择题。这些题目都由练习册或英文报纸提供。此外，虽然英语课本中有不少接近语言真实运用的活动，如模块任务型活动，但教师们通常省略不做，理由是太花时间或是学生英语水平差，无法开展。家庭作业通常是听写、抄写和背诵单词、句子及课文，也有一些阅读和写作练习，与考试形式相似。这些活动反映出初中二年级偏重应试教学。

6.3.1　各类教学活动的频率

上述教学活动的纪录源于对6所学校实地考察，为了在更大范围内了解初中二年级教学现状，我们根据这些活动特征编制了问卷，同时参照大纲和课标所提倡的活动增加了一些条目，如看英语电影、动画片段、自由讨论、听和读对话故事等。问卷调查收集到2,262份有效问卷，经分析后了解到各项活动的频率，列于表24。

表 24 初中二年级英语课内课外教学活动的频率

活动类型	条目	频次	极小值	极大值	均值	标准差	因子得分均值	标准差
因子 1 运用型 活动	16-2 自由讨论	2251	1	5	3.81	1.066	3.12	.85
	16-3 唱歌、童谣	2232	1	5	2.90	1.059		
	16-5 配动作操练	2246	1	5	2.82	1.252		
	16-7 看电影动画片段	2254	1	5	3.08	1.217		
	16-9 角色扮演	2243	1	5	3.42	1.114		
	16-11 交换真实信息	2250	1	5	3.76	1.155		
	17-2 听对话和小故事	2257	1	5	3.09	1.302		
	17-3 看动画片	2248	1	5	2.32	1.037		
	17-6 看故事和短文	2251	1	5	3.02	1.154		
因子 2 机械操练1	16-1 朗读单词	2254	1	5	4.21	.785	3.44	.75
	16-4 读说配汉语	2245	1	5	3.05	1.087		
	16-6 配图操练	2254	1	5	3.09	1.124		
	16-8 讲语法	2253	1	5	3.37	1.196		
	16-10 听写单词短语	2236	1	5	3.93	.883		
	17-4 做语法词汇练习题	2256	1	5	3.11	1.289		
因子 10 机械操练 2	17-1 抄背单词短语	2260	1	5	3.71	.991	3.81	.79
	17-5 抄背句子课文	2250	1	5	3.93	.908		

1=从不　2=很少　3=有时　4=经常　5=很频繁

从表 24 看出，课堂上最频繁的活动是朗读单词（4.21），频率最低的活动是配动作操练（2.82），课外活动频率最高的是抄背句子课文（3.93），最低的是看动画片（2.32）。两项频率高的均为机械而枯燥的语言形式操练活动，两项频率低的活动相对有趣，且带有语言运用的成分。因子分析结果显示，这些活动可分为3类：第一类是运用型活动；对应因子 1；第二类是机械操练 1，对应因子 2；第三类是机械操练 2；对应因子10（参阅 3.4.4节，表 4）。三类活动都介于"有时"和"经常"之间。相比之下，最频繁的活动是第3类（3.81），第二类次之（3.44），第一类运用型活动的频率低于前两类。说明课后学生经常机械地抄写句子和课文，课堂上也常做一些语言知识的操练，运用型活动相对较少。配对T检验分析结果表明，三类活动的得分差异具有统计显著意义（见表25）。此外，这三类活动在访谈和课堂观察中均有记录，得到2,262份问卷调查数据的进一步验证，说明这些活动普遍存在，不限于受访的6所学校。不过，有一点与课堂观察结果不同是，在一些初中二年级课堂中，运用成分较强的活动也被采纳，如自由讨论（均值3.81）和用英语交换真实信息（3.76）。

表25　初中二年级不同类型的英语教学活动频率差异比较

活动类型	均值差	t	Sig.（双侧）
运用型活动—机械操练1	-.32	-13.21	.000
运用型活动—机械操练2	-.69	-31.07	.000
机械操练1—机械操练2	-.36	-20.85	.000

6.3.2　教学材料和教具

对于开展上述活动使用的教学材料与教具，我们在访谈和课堂观察时得到较为直接的信息（见表23），据此编写了问卷2的相关条目。通过问卷2的调查，我们了解到更多学校的情况。问卷2的第11题针对教学材料，第12题涉及教学工具（参阅附录2），结果见表26和表27。

表26　初中二年级英语课所用教学材料

条目	选项	总人数	选择"是"的人数	百分比（%）
第11题您教初中二年级采用的材料包括:	英语课本	2,262	2,228	98.5
	课本配套练习册	2,262	1,905	84.2
	课文录音	2,262	1,961	86.7
	英语动画片片段	2,262	864	38.2
	非课本配套的其他练习册	2,262	994	43.9
	英语报纸（如英语周报）	2,262	1,691	74.8
	少儿英语读物	2,262	475	21
	其他材料	2,262	82	3.6

　　从表26得知，接受调查的师生绝大多数采用英语教材（98.5%）。这些教材由外语教学与研究出版社、上海外语教育出版社等机构出版，均以话题为主线编写，如旅游、环保、传统、生活、教育、宇宙之旅等。课本有配套材料，如外研社的初中二年级教材配有《同步评价手册》、《同步练习册》、《同步练习与测试》等。这些练习册通常围绕所学单词和语法编写，使用率排名第二（84.2%）。一些学校还采用其他练习册（43.9%）作为补充材料，如广西的部分学校采用《英语课堂作业》（广西教育出版社出版），同样围绕单词语法编写练习。例如，一个模块的练习有：根据汉语提示写出英语单词、单词填空、组词成句、句子配对、单项选择、四选一完型填空等。这些练习全部针对孤立的单词和句子编写，缺少听和读。书面表达练习一般练习册都有，但设计与字数要求均与考试题目相同。有些教师采用英语动画片片段、英语报纸和少儿英语读物作为补充材料。使用英语报纸的学校较多（74.8%），有《英语周报》、《学生双语报》等。这类报纸专为英语学习设计练习，与课本练习同步。以《英语周报》为例，第一版是话题阅读，结合课本的话题提供几篇阅读短文，训练阅读能力和拓展英语知识，读完做正误判断、补全句子等题目。其余3个版面全部是语言知识练习题，每个单元的练习设有具体目标，分为知识目标和能力目标，有些单元还加上情感目标。最为清晰的是知识目标，包括词汇和语法句子，列出单词和语法规则及句型。能力目标的描述不够清晰，时而描述读和写的能力，时而以语法为纲陈述，如"能听懂用现在完成时描述经历的对话"和"能用现在完成时询问他人的经历"，听说的内容似乎并不重要，所用语言只为语法项目服务。练习几乎是清一色的笔头练习，采用的形式有单词填空、补全句子、句型转换等，一般用汉语提示。总之，报纸提供的练习大部分以语言知识为主，对听读写能力的训练较少，说的训练几乎是空白。另外，据受访学生和教师反映，他们每周必用的还有报纸《测评周刊》，上面刊有一份完整的试卷，形式和内容与中考英语相似，绝大部分是单项选择题，完型填空题，加上少量补全句子的题目和一项书面表达题，用于考查听力、阅读、书面表达和语言知识。从所用的练习册和英语报纸来看，初中二年级的英语学习重点是语言知识加备考训练。由于使用最多的教学材料是英语课本，下面对此做一些分析，看看课本与其他材料有何不同，是否遵循教育部颁发的教学大纲和课程标准编制。

　　从我们获得的教学资料来看，初中二年级英语教材与练习册和报纸不同，基本围绕培养运用能力的目标编写，现以外研社的《初中英语二年级》（上册）为例，看看它的结构和内容。该教材包括12个模块，话题是英语学习、宇宙之旅、教育、西方音乐等。每个模块含3个单元。第一单元是听说加新词汇学习；第二单元是读写加新词汇；第三单元是语言运用，要求复习巩固所学的语言知识，同时提供训练听说读写技能的练习。让我们仔细看看第五模块。该模块的话题为西方音乐，第一单元首先采用简答题和听对话的方式学习新词语和检查听力理解，然后结合所听内容练习口语，根据对话内容和学生自己的亲生体会回答问题，并讨论自己喜爱的音乐；第二单元重点训练读写和学习新词汇，采用正误判断和简答题检查阅读理解，写作任务是根据要点写一篇短文介绍冼星海；第三单元首先复习所学语法点，然后做听说读写练习，听读后做简答题，听后写单词或填空，最后是任务型活动，要求学生分组讨论自己喜爱的音乐，然后向全班汇报讨论结果。由此可见，该单元的内容比较有趣且贴近学生的生活，能使爱好音乐的同学寓学于乐，平时接触音乐较少的学生也能增加知识，拓宽视野，增进对西方文化的了解。此外，练习的形式多样，有听说读写分项练习和综合练习（听后说或写，听、读后写等），极少采用不利于促学的完型填空和多项选择练习。教材的装帧设计比较精美，配有彩色插图，文字呈现不同的字体、字号和颜色，能够增强吸引力。

　　教材格外引人注意的是模块任务型活动。此活动有助于学生将学到的表达法运用到讨论中，助推语言能力的发展，这类活动贯穿每个模块。以教材的第二模块为例。该模块的话题是"经历"，任务型活动是问卷调查，要求学生以小组为单位设计简单的问卷，向同学询问各种经历，如看过什么有趣的书和电影、到过什么地方旅游、进行过什么体育活动等。完成问卷设计任务需要小组成员首先用英语讨论并写下问题，接下去根据问卷在班上其他同学中间开展调查，用英语提问获取信息，并记下回答，最后回到各自的小组汇报总结。此活动需要综合运用英语听、说、读、写技能，有利于调动学习积极性，锻炼英语运用能力。因此，任务型活动是教材的精华，这样的活动可以避免学习停留在语言知识层面，使学生有机会综合分项练习学过的知识与技能。

　　上述介绍表明，该英语教材的设计和编写符合教学大纲的要求，为培养英语综合运用能力提供了较好的材料。需要指出的是，该教材配套的练习册却围绕语言知识编写，在学校里得到广泛采用，而非常好的任务型活动反而多被教师们弃用。

　　除了教材，教学中不可缺少的还有教学工具，调查问卷第12题专门了解初中二年级英语教学的教具使用情况，结果见表27。

表27　初中二年级英语课所用教具

条目	选项	总人数	选择"是"的人数	百分比（%）
第12题您上课常用的教学工具是	黑板	2,262	2,117	93.6
	多媒体（包括电脑、投影仪、PPT等）	2,262	1,799	79.5
	录音机	2,262	1,395	61.7
	图片、图画等	2,262	1,009	44.6
	与教学内容相关的实物	2,262	1,008	44.6
	光盘播放器	2,262	685	30.3
	中英文单词卡片	2,262	385	17
	白板	2,262	342	15.1
	自己制作或利用其他教学工具	2,262	218	9.6
	点读笔	2,262	97	4.3

　　问卷第12题要求教师从选项中选择上课常用的教具。结果显示，使用黑板的比例最高（93.6%），其次是多媒体和录音机，其他教具较少使用。值得一提的是，79.5%的师生反映他们课堂上使用了多媒体，这值得庆幸。有了多媒体，教师可以将授课内容编制到课件当中，创造图文并茂、可视可听、生动有趣的教学情景，激发学生的学习兴趣，降低学习难度，对于条件较差的农村和边远地区学校尤有必要。在农村中学执教的一位老师在访谈中举了一例，教材中关于交通工具的话题颇有难度，学生无法想象飞机、地铁的模样，用英语表达就更加困难，因为他们每天都是步行上学，有些初中二年级学生连县城都未去过，更未见过火车、飞机。以前上课这位老师用大量图片增加直观感觉，帮助理解和记忆，现在有了多媒体，他"感觉效果好多了"。不过，受访的教师都说多媒体设备是近两年才配置的，不少学校仍然没有。其中一位老师说教了30年英语，主要教具是黑板加粉笔，现在依然如此。在配备了多媒体的学校，教师们普遍反映设备能够满足上课的需要，只是学生家中的设备仍然有限，许多没有录音机、播放器等辅助听力练习的电器，课后无法做听力练习。

　　上述情况表明，初中二年级的英语教材较好地体现了培养综合运用能力的教学要求，绝大多数学校都在采用，并配有较好的教辅设备。但是，课堂教学仍然以操练语言形式为主，基于运用的听、读、写活动较少。下面根据我们的课堂观察记录，介绍两节英语课，深入剖析初中二年级英语课的重点与格局。

6.3.3　课堂举例

　　我们采访的初中二年级英语课大致分为新授课、普通课、复习课和测试课。新授课是一个新模块教学的开篇课，随后的几节叫普通课，接下来是复习课，包括各个考试之前的复习课，用以温习巩固前面教过的单词和语法知识，而测试课用于应付考试，包括单元测验、月考、期中和期末考试。从访谈得知，教师们一般跟着教材走，但是三个单元的练习有所选择地去做，弃用的通常是运用成分最多的模块任务活动，而用得较多的是针对语言知识的练习。各学校均采用教材配套练习和其他练习册，课堂活动以操练语言知识为主，下面两个例子是我们观察到的课堂常态。

　　例一是一所普通中学的一节新授课，课时40分钟，学生48人，其父母大部分是进城务工人员，家庭经济条件不好，学生英语水平较差。学校的教学条件不理想，无多媒体设备，教具仅有黑板加粉笔。为了节省时间，固定黑板和可移动的小黑板并用，老师把一些内容事先写在小黑板上，带到教室。录音机也是练听力时才由老师带到教室。我们所观察的那节英语课正在教授教材第二模块的第三单元，话题是"经历"，分为三部分，首先是作业检查，然后是词汇学习，最后是语法学习。前一天的作业与教材同步，练习动词的过去分词、现在完成时以及该模块的六个生词。上课一开始，老师就指定两名学生将自己作业的答案写在黑板上，全班学生一起检查，穿插老师的讲解，每个学生修订自己的答案和记录老师的讲解。例如，老师讲解动词原形 be 的过去式 was 和过去分词 been，告诉学生这是不规则动词，可以在课本第199页找到。接着讲解规则动词的过去式和过去分词的形式及构成规律。不过课堂上并非老师一人讲，她时常提问，学生集体回答或单个起立回答，单个回答由老师点名，无人愿意起立回答。作业检查完毕进入新课，学习该单元的生词。全班齐声朗读16个单词和一个词组，每个词读两遍英语，一遍汉语，再一遍英语，老师来回巡视。读完后，老师用汉语逐个说出这些单词，学生用英语回应。中间穿插老师的讲解，例如，读到 brilliant 时，老师说"wonderful"也有"好极了"的意思。接下来是听写，学生四人一组，老师逐个读单词，每个两遍，学生边听边写，老师边读便巡视。听写完毕，学生以小组为单位交换检查，然后各组由一位同学起立简单汇报本组的听写情况，若有全对，老师带着全班鼓掌鼓励。最后学习现在完成时，老师从该模块的第三单元中挑出一个句子，写在黑板上 Have you ever entered a competition? 边写边读，全班跟读。然后学生写出肯定和否定的回答，再改写成完整的陈述句和否定句。整个过程老师讲解现在完成时的构成，包括规则和不规则动词的过去式和过去分词，同时穿插提问，学生单个回答或全班回答。最后布置家庭作业，抄写小黑板上的六个句子，并将其中两句译成汉语。整节课纪律良好，学生注意力集中，按部就班地跟着老师完成所有活动。课堂气氛既不活跃，也不沉闷。

例二是一所重点中学的一节普通课，课时40分钟，学生52人，就读学生来自各种家庭背景，经济条件有好有差，学生英语水平较高，相当一部分学生由该校的附小直升初中，各科基础较好。学校的教学条件较好，不仅有常见的多媒体设备，还有实物投影仪，可以将书本、报纸和手写材料投射到屏幕上。该节课授课内容与例一情况相同，为教材第二模块的第三单元。

该课第一项活动是朗读单词，占时1分半钟。学生齐读该模块中的20个生词，每个读两遍，接着朗读教材第199页的不规则动词，每个读一遍。然后顺着教材的编排教，做第三单元的前三个活动。第一个活动的情景设计是一位名叫 Rob 的人在中国旅游，参观了一些地方，正在给朋友写明信片，开头已经写好。学生的任务是根据所提供的图片和单词及词组写出 Rob 所去之地，所有句子均需用现在完成时。老师将此写作活动改成了老师讲解和学生讨论。全班首先齐读该单元列出的用现在完成时表达的五个句子，读完之后，老师在屏幕上展示 PPT 课件，简单介绍现在完成时的意义和构成，边讲解边向学生提问。然后，学生以小组为单位讨论，老师边巡视边向几组学生布置具体任务。讨论结束后，各组代表上讲台汇报结果，用实物投影仪将手写内容投射到屏幕上。第一组的重点是现在完成时的意义和构成，学生解释并举例说明陈述句和疑问句的结构。第二组的重点是规则动词和不规则动词的过去式和过去分词形式。第三组呈现现在完成时的"标志词"，如 ever，just，yet，before，for 等等。学生陈述不完整或出现错误的地方，老师纠正、补充、讲解。例如，规则动词的过去分词如何加 -ed，加上后如何发音。讲解方法是老师在屏幕上打出一个句子，动词部分留空，学生口头填空，并解释句子和说出汉语意思，整个过程都贯穿着提问和练习。第二个活动是学生成对操练，内容是在第一个活动中使用过的句子，同桌组成对子，一问一答。在此过程中，老师不时打断大家，点名叫学生起立问答，其余学生倾听，老师有针对性地讲解和纠错。第三个活动是根据教材提供的词组写出七个问句，练习询问经历。老师要求学生先齐声朗读所给词组，然后单独完成句子。课堂纪律良好，学生注意力集中，认真完成老师布置的每一项活动。课堂气氛与例一相似，既不活泼，也不沉闷。

两节课的活动、内容及方式总结于表28。

表28　两节初中二年级英语课的活动与内容对比

编号	活动	内容	方式	例一	例二
1	朗读	单词	全班齐读，穿插教师讲解、纠错	√	√
2	老师讲解	现在完成时的形式	老师讲解，穿插学生答问，学生成对起立操练，配以 PPT 展示的图片和文字	√	√
3	学生讨论	现在完成时的意义与形式	学生讨论并向全班汇报结果，实物投影仪辅助		√
4	学生口头练习	现在完成时态	学生与同座口头操练句子，配 PPT 展示的图片		√
5	学生笔头练习	现在完成时态	根据课本提供的词组写问句，并起立朗读所写的句子		√
6	听写	单词	老师读，学生写，相互检查，向全班汇报写对率	√	
7	检查作业	单词、过去分词	学生在黑板上写出答案，老师评判和讲解，全班回应老师提问	√	

√表示课堂上做了此项活动

上述两节课有5点相同之处：第一，教学内容相同，均为教材第二模块的第三单元（语言运用）；第二，重点均为词汇和语法知识；第三，学生起立答问均由教师点名，无人举手自愿回答；第四，操练限于教材的内容，没有任何拓展。例如，虽然可以结合学生自己的亲生经历操练现在完成时态，两堂课上均未见此发生，所有练习都限于课本提供的材料。两节课有两点不同之处：第一，教学设备相差很大，例一只有黑板加粉笔，而例二不但有多媒体教辅设备，还有实物投影仪，便于当场投射学生的作业；第二，例二的学生有更多的操练机会，如配对操练和写句子，例一却只限于朗读单词、听写及回答老师的提问。

总体而言，两个课堂的教学方式差别不大，学习重点均为词汇和语法，方法都是教师讲解，穿插提问，学生操练。例二虽然比例一采用的活动项目多一些，但仍以语言知识操练型活动为主，未见教材设计的任务型活动，进一步印证了访谈和问卷数据的发现。

6.4 测试评估

初中二年级的应试教学明显，教学内容和所用的各种英语试卷既受到高中入学考试（即中考）的影响，也受到区或市期末统一考试的影响，下面分别陈述。

6.4.1　中考影响下的初中二年级英语测试

从受访的9名教师那里得知，初中二年级每学期的英语测试包括：单元测验、月考、期中考试及区或市统一命题的期末考试。单元测验的次数由教材中模块数目决定，一般8至10次，月考两次，期中期末考试各一次，每学期共四次大考加10次左右的小测，这些考试在受访的6所学校完全一样。有一名教师说，他还会在这些测试之外增加一些不定期的小测试，用少量时间考查当天所学的内容。我们根据访谈结果设计出一个条目（初中二年级教师问卷2第13题），在更大范围内调查初中二年级各种英语测试的情况，结果列于表29。

表 29　初中二年级英语课的测试与评估

题目	选项	总人数	选"是"的人数	百分比（%）
第13题 您教学中采用 的评价包括	每课一测	2,261	1,747	77.3
	单元测验	2,262	2,060	91.1
	月考	2,262	1,164	51.5
	期中考试	2,262	1,972	87.2
	统一期末考试	2,262	1,566	69.2
	学生平时表现记录	2,262	878	38.8
	其他	2,262	62	2.7

从表29可以看出，初中二年级测试非常频繁，举行单元测验的学校最多（91.1%），其次是期中考试（87.2%），不少学校参加统一的期末考试（69.2），该考试由学校所在的区或市统一命题，学校只负责实施和评卷。30.8%的师生未选该条目，说明他们所在学校不参加统一考试。对于

学生的平时表现记录，只有38.8%的师生选择，说明很多学校未做此项工作。从访谈得知，有些教师记录学生的平时表现比较随意，不是每节课或每周记录，而是根据主观印象为学生打分，一般是表现特别差的少数学生获得低分，其余学生的分数差异不大。

除了测试种类，我们还用6个条目考查测试内容的频率，结果列于表30。

表30　初中二年级英语测试内容的频率

16题您的学生参加的所有评估和考试中，各种内容考查的频率如何？	N	极小值	极大值	均值	标准差
2 考语法	2,245	1	5	4.18	.84
3 考听	2,244	1	5	4.01	.87
1 考词汇	2,249	1	5	3.96	.97
6 考写	2,250	1	5	3.81	1.10
4 考读	2,236	1	5	3.72	1.09
5 考说	2,238	1	5	3.49	1.20

1=从不　2=很少　3=有时　4=经常　5=很频繁

从教师和学生的反馈来看，考试重点是语法知识（4.18）、听力（4.01）和词汇知识（3.96）。听、读、写的平均分均超过3，说明初中二年级的测试中通常包括这三项内容。得分最低的是"考说"（3.49），说明较少举行口试，这与访谈结果一致，受访的9名教师一致表示他们基本不组织口试。

从上述访谈和问卷数据来看，初中二年级英语测试的一个显著特点，是重语法知识的考查，忽略口语，这与中考英语的影响有关。访谈中有教师说到中考英语没有口试，平时也没必要去考查。还有教师提到，单元测验和期中、期末考试的题型模仿中考题型，甚至各部分考试的比重也模仿中考，如听力分值一般是25，写作15分。此外，试题的难度也向中考看齐，有老师认为中考考查的是基础知识，80%是初中二年级的教学内容，所以初中二年级期末试卷的难度就应与中考相当。为了验证访谈所获得的信息，我们对比分析了2009年一个市的中考试卷和市里统一命制的期末统考试卷，结果见表31。

表 31　某市的英语中考和初中二年级英语期末统一考试

内容	中考题型	分值	期末统一考试题型	分值
一、听力测试	三选一	25	三选一	25
	填空		填空	
			判断正误	
二、单项填空	四选一	15	四选一	15
三、完型填空	四选一	25	四选一	20
	选词填空		选词填空	
四、阅读理解	四选一	40	四选一	30
	七选五		五选四	
五、书面表达	规定性写作	15	限制性写作	10
六、附加题-单词填空			根据句子意思和字母提示填写单词	20
			根据句子意思用动词的正确形式填空	
总计		120		120

从表 31 可见，某市的英语期末考试与中考内容和题型十分接近（见第一至第五大题）。所不同的是，除了书面表达，中考全部采用多项选择题和填空题，而统考还采用了正误判断题。此外，统考设有附加题（第六大题），用填空的形式专门考查词汇和语法知识。

除了期末统一考试，我们还分析了平时的单元测验，发现有的模仿中考的题型，如单项填空、完型填空和书面表达，也有的采用与中考不同的题型，如选择同义词、根据字母提示填写单词、选词填空和根据汉语提示补全句子。这些不同题型所考查的内容均为句子层面的词汇和语法知识。

以上分析表明，中考英语对初中二年级的英语考试有较大影响，不仅考试内容向中考看齐，重点考查听、读、写和语言知识，忽略口试，而且题型模仿中考英语，较多采用选择题。此外，初中二年级的期中、期末考试时间安排也向中考看齐，各科顺序与中考一致，第一天上午考语文，下午考数学，第二天考英语等等。这样做，目的是使学生熟悉考试时间，正式参加中考时能够正常发挥水平，考出好成绩。

6.4.2　中考和期末统一考试对初中二年级教学的影响

从访谈得知，中考英语不仅对初中二年级的各种考试有影响，而且还对教学产生了影响。为了向更多教师和学生收集有关中考和统一期末考试数据，我们针对这两种考试设计了8个条目，用问卷调查。8个条目中有两题直接询问这两个考试对教学的影响程度，6个题从题型训练、考试内容、做模拟题和备考角度探究这两个考试的影响（见附录2）。调查结果列于表32。

表 32　中考及区和市统考对初中二年级教学的影响

	条目	N	极小值	极大值	均值	标准差	均值	标准差
因子 3 后效 1	21-1 训练统考题型	2257	1	5	3.93	.879	4.18	.63
	21-2 提醒统考内容	2255	1	5	4.15	.802		
	21-3 统考考前训练	2255	1	5	4.25	.764		
	22-1 训练中考题型	2253	1	5	4.28	.743		
	22-2 提醒中考内容	2254	1	5	4.32	.727		
	22-3 做中考模拟题	2256	1	5	4.24	.799		
因子 9 后效 2	15. 中考对教学的影响程度	2252	1	5	3.86	1.10	3.48	.99
	14. 统考对教学的影响程度	2228	1	5	3.15	1.07		

第14和15项：1=没有影响　2=影响很小　3=有一定影响　4=有较大影响　5=影响很大
其余6项：1=完全不同意　2=不同意　3=一半同意一半不同意　4=同意　5=完全同意

从表32可以看出，教师们非常重视中考，在初中二年级就开始备考，平时课堂上不忘提醒学生注意中考可能涉及的内容，并采用相应题型进行训练。问卷调查此状况的条目得分最高（4.32和4.28）。另外，做中考模拟题也是初中二年级平时教学的一个组成部分（得分4.24）。备考区或市统一考试的做法也常见，相应条目得分为3.93，4.15和4.25。这些调查结果说明，无论是中考还是区或市的统一期末考试，都对初中二年级教学产生了影响，接受问卷调查的大部分师生平时教学和学习中为这两个考试在做准备，教学中的应试现象较严重。对此，访谈数据也提供了证据。例如，接受访谈的学生中4位提及他们用中考完型填空和阅读理解习题集自行训练。尽管应试现象普遍存在，但是，师生们主观上却认为对教学影响不大。问卷中第14和15题直接问及中考和统考对教学影响的程度，均值为3.86和3.15，表明有一定的影响。因子分析结果也表明，8道题中有2题同属因子8（后效2），另外6题属因子3（后效1），因子均值分别为4.18和3.48。说明平时教学中确有备考中考和统考的情况发生。虽然回答问卷的师生坦承平时的应试行为，却多不愿承认考试对教学的影响大。可见对于应试教学，师生普遍持否定态度。

　　既然出现应试现象，说明考试对教师和学生形成了压力。相比之下，统考的压力更大，因为中考在初三结束时进行，直接感受到压力的是初中三年级的教师和学生，而非初中二年级的师生，而区或市的统一期末考试在初中二年级实施。考后相关教育部门会分析学生成绩，得出"一平三率"，即各班和各年级的平均分，优秀率、合格率和低分率。考试中答对90%及以上者为优秀，答对40%及以下者为低分。根据这些数据，区或市为学校排名，学校为班级排名，而且将每位教师所教班级的成绩公之于众，并与绩效工资挂钩。对此，受访的教师有三位表示压力很大，两位表示不在乎，其余的感到有一定压力。我们认为，师生针对统考开展应试教学与管理层对成绩的处理方法有关。一旦公布排名结果，应试现象便不可避免。

　　从上述调查分析可得出以下四点结论：第一，初中二年级的英语测试较为频繁。以学期为单位，许多学校除了进行单元测验之外，还有四次大考。第二，中考对初中二年级的各类测试有影响。平时测试和区、市的统一考试均效仿中考的内容、题型，甚至时间安排。第三，中考和统考均对教学产生影响，平时教学针对统考及中考进行备考。第四，忽略口语测试。不管是校内测试还是区或市的统一考试，通常不包括口试，这与许多市的中考英语不设口试有关。这些现象均为考试后效的表现。

6.5 讨论

　　上述调查结果表明，各校的初中二年级英语教学大致相同，以教授语言知识为主，偏离了培养综合运用能力的目标，与英语教学大纲和课程标准的要求有相当大的差距。课堂和课外活动均以学习词汇和语法知识为主要内容，方法主要是机械而乏味的传统操练，如讲解、朗读、记背、抄写、做题。虽然有一些听说练习，多数局限于听课文录音和口头操练单词、句子和句型，鲜见教师创设或模仿真实语言使用的交际情景，反而将教材提供的此类任务型活动大量删除。这些观察与较早期和近期的其他调查发现相似。例如，程爱华（1996）的调查发现，初中英语教学以语言知识为主，每课书的处理方法均为教词汇、讲句子、逐句翻译。朱建源（2011）的调查发现，初中二年级英语教学以词汇句型为主，学生死记硬背。其他研究者观察到的初中英语教学也大同小异，主要教法均为教师讲解单词、语法和课文，学生则背单词、背句型、背课文、做习题（万丽等，2009；张慧，2014；龚海波，2014；方针，2014；韦晓露，2014；刘源、房洁 2013）。

初中二年级采用的教学方法与教师和学生秉持的外语学习信念相关。在本研究的访谈中，教师们一再强调词汇和语法教学，认为应该通过专门的练习巩固语言知识，学习语言知识是首要任务，是运用的基础，这一信念根深蒂固，是初中教师和学生们的共识。正是基于这样的信念，他们才全力教授和学习语言知识，忽略教材中的语言交际型活动。这样的信念在其他研究中也有报道。例如，王建丽（2014）在调查中发现，教师和学生认为英语学习最重要的是词汇。张玉如（2013）调查发现，接近80%的教师和70%的学生认为语法最重要，但是很难学，因为难学，所以是教学的重点和难点。在刘慧贤、潘若芸（2000）所调查的学校中，超过60%的初中二年级学生认为记忆单词最好的方法是背与写。可见，对孤立学习语言知识的执着是我国外语教学的常态。不过，也有证据表明，教师的观念开始出现一些松动。早年若有谁提出淡化词汇语法学习，教师们便觉得不可思议，担心"误人子弟"（程爱华，1996）。而今，有教师希望淡化语法教学，只因不知如何操作，不得已而教（参阅刘源、房洁，2013）。本研究在问卷调查中发现，大多数师生表示赞同英语大纲和课标提出的着力打造运用能力的要求，也赞同采用听读故事和看英语电视等具有运用特色的活动。虽然访谈、课堂观察及问卷数据均证实教学重点仍是语言知识，但在信念上已经先行。参与本研究的教师已认识到，将词语和句型从课文中剥离出来专门背，虽可提高考试分数，但无益于提高听说能力。有其他调查发现，师生之所以称语法为教学难点，是因为无论怎样重视语法，无论怎样操练，学生说和写起来，仍然错误百出（参阅张玉如，2013）。

教师认可英语教学大纲和课标的要求，但实际教学又是另做一套。这并非教师不遵守大纲，而是各种考试的压力太大，涉及到师生的切身利益，似乎是考试方式在引导教学。本研究发现，中考英语对初中二年级教学的影响主要体现在考试内容和题型层面。这种影响首先波及初中二年级各种测试，包括区和市统一组织的期末考试，这些考试大都直接模仿中考英语的内容和形式，重点考查语言知识，忽略口语。教学也反映出考试的影响，参加调研的师生均表示在教学中会注意中考的内容和题型，对统考还会做一定的考前培训。而且，平时阅读练习均为短文，读后做选择题，阅读量相当有限，与大纲要求完成10万字的阅读量，并从阅读中获取兴趣的要求不符。写作练习也模仿考试，几乎全部都写约90个词的短文。如此练习阅读和写作，限制输入和输出量，语言运用能力是难以提高的。而语言知识的训练却从考试到教学被放大了数倍，一般考试只含15道专门考查语法词汇的题项，但教学中却是每天记背单词和语法，反复做这类题。危害最大的，是语法词汇选择题的干扰项，每次练习做15道这样的题，必须接触45个干扰项，全是错误表达方式。长此以往，学生接触大量的语言错误，对学好英语有百害而无一利。语言是靠大量的正确输入学会的，不是靠记住错误、避免犯错学会的。这样的题型，不管是考试还是教学都应坚决取缔。

值得注意的是，2016年9月，教育部印发了《关于进一步推进高中阶段学校考试招生制度改革的指导意见》，提出到2020年左右初步形成基于初中学业水平考试成绩、结合综合素质评价的高中阶段学校考试招生录取模式。这意味着现行的中考英语将退出历史舞台，不再对初中英语教学产生影响。但是，既然初中学业水平考试将替代中考英语，其成绩将成为高中招生的依据，它会不会同时替代中考，对初中教学产生影响呢？对此应开展研究，找到答案。

最后需要提到的是，在时间安排、教学材料和设备方面，初中二年级英语教学达到或接近大纲和课标的要求。教学时间普遍是每周7至8节课，超过了大纲要求的4课时。教学材料，特别是英语教材，以话题为纲编写，包含了大量听、说、读、写的单项技能训练活动和综合技能的训练活动，这是大纲所要求做到的。而且，不少学校配备了多媒体设备，甚至包括一些农村学校。然而，在较好的时间安排、教材和设备条件下，初中二年级英语教学似乎不尽如人意，学生的英语运用水平仍然不高。通过教育质量的监测，为决策层提供有用的反馈信息，促进考试内容和方式的改革，倒逼正确教法的使用，是今后值得关注的方向，也是本研究需要继续跟踪的后效研究。

第七章
研究总结

　　本研究是一项后效基准研究，针对英语科基础教育质量的监测系统而开展。有两个认识推动了这项工作。其一，基础教育质量监测是一项长期的任务，将成为我国基础教育领域的常规措施。在我国开展教育质量监测，既适应了人才强国的战略需求，也与国际趋势吻合。教育在国家发展进程中占据优先地位，政府进行教育决策需要依据，而教育质量监测能够提供有用的信息。在美国，基础教育质量监测项目 NEAP 已经实施了六十多年，至今仍在继续，类似的国际项目（如 PISA）方兴未艾（参阅1.2）。我国的基础教育质量监测2007年才起步，虽然较晚，但受到国家的高度重视，2007年9月，由中央机构编制委员会办公室批准，成立了教育部基础教育质量监测中心。该中心是在教育部的直接领导下，依托于北京师范大学建立的专业机构，负责全国基础教育质量监测工作。2012年7月，由北京师范大学牵头，联合多所部属师范大学和教育及考试机构，成立了中国基础教育质量监测协同创新中心，开展基于证据的基础教育质量监测的协同创新研究，旨在完善我国基础教育质量评价体系和提升我国基础教育质量。其二，大规模测评易生后效，对教学有影响，这已被大量实证研究所证实（参阅2.1.2）。监测不同于高风险考试（如我国的高考和中考），其结果一般不直接影响学校、教师和学生的利益，按理不会产生明显后效。但是，从发展的眼光看，测评工作是动态演变的，涉及的因素繁多，它们交互作用，最终变化结果难以预测，有可能出现对教学不利的倾向，大学英语四、六级考试带来的后效争议便是一例。因此，从长远看，只要开展大规模考试或测评，就有必要在测评启动之前开展后效跟踪研究，争取主动，未雨绸缪，防患于未然。基于以上认识，我们赶在英语科监测实施之前启动了本研究，着手收集数据，为确保我国的英语教学质量监测工作长期顺利进行，在后效研究领域提供支持。

本研究的思路参照了当今国际流行的动态系统理论（DST）。该理论把事物视为复杂的动态系统，系统由子系统组成，他们之间持续地相互作用，系统内部与其所处环境的外部因素互动并置换资源，以此获得发展动力。因此，系统的变化是绝对的，不变是相对的。由于系统的运作复杂，其变化不是简单的单向因果关系（如X导致Y），而是复杂的双向甚至多向的非线性因果关系。系统中某个节点的一个小变化，其效应在多因素的交互作用下有可能放大，导致系统剧烈变化，这种由一个小变化而引发的巨大改变被称为蝴蝶效应。系统在其发展变化过程中尽管呈现不确定性和不可预测性，但它具有自适应性和自组织能力，有时会在一定的时间段保持相对平衡和稳定。系统的这些特征对我们开展教学质量监测研究有重要的启迪作用，打开了研究思路。我们将监测视为一个动态系统，对它进行动态跟踪描述，探究它与环境的交互作用，揭示它的演变特征与发展规律，从而更好地发挥相关职能部门的管控和协调系统的功能，规避测评给教育发展带来的潜在负面影响。

研究的具体操作按拟定的计划进行。我们在英语科监测系统建立之前完成了前期研究设计，在监测系统实施的同时开展调研，先是描述该系统初期的风险构成和期望后效，继而到抽样选取的学校进行实地考察，在监测系统和教学系统两个层面多次深入开展调研，了解小学四年级和初中二年级的英语教学状况，采用多种方式收集数据，用于建立基准参照点，以便今后长期开展跟踪研究，观察风险变化，最后对数据进行了分析整理，获得较为清晰的结果。我们根据国家监测中心的抽样地区和学校，先后在三个省抽查了6所小学、8所中学，单独采访英语教师、学生39人49次，听课观察52节，收集调查问卷总共3,164份，数据具有较好的代表性，达到了研究的预期目的。

7.1 研究主要成果与局限

根据研究目标，我们成功建立了三个有利于后效研究的参照点。第一个参照点是当下英语科监测系统的风险构成和设计者的期望后效。从风险构成的分析结果来看，英语科监测系统目前属于低风险考试，得到广大师生的支持。之所以获得支持，是因为监测结果仅提供给教育部领导及各省、市、县教育局，作为教育决策的依据，不反馈至学校，不直接影响接受监测的师生和学校的利益。如果各级教育部门根据监测结果做出正确决策，引导学校教学及管理，则有利于基础教育，从而惠及广大师生，但这种影响是间接的。期望后效的调研结果显示，英语科监测系统设计者们期盼充分利用监测，促使教学大纲和课程标准得到落实，重视培养学生的兴趣和英语综合运用能力，推动中小学英语教学良性发展。为达此目的，他们要求：英语科的监测试卷要全面考查听、说、读、写技能及其综合运用，拒用单独考查语言知识的题目，特别是要克服困难，力推口语测试。

第二个参照点是小学四年级英语教学的现状。调查结果显示，大多数小学四年级英语教师基本上按照大纲和课标的要求开展教学，但教法出现分化，有的体现了当今外语教学的前沿理论与思想，有的则相当传统。课堂教学方式呈现出一个连续体，一端非常接近大纲和课标要求，注重激发学习兴趣和训练语言运用能力，另一端是孤立教授语言知识和机械操练，不少学校的教法介乎两者之间。总体而言，大多数教师赞同采用接近真实语言使用的教学活动，也赞同打造英语综合运用能力的教学原则，但在实际教学中只有部分教师贯彻此原则，相当一部分采用传统的语言知识灌输法，忽视学生的兴趣和语言运用能力的培养。这样的课堂教学方式可能与考试有一定关系。小四的各种英语测试离大纲和课标的要求甚远，仍然保留孤立考查语言知识的题目，较少考查语言的综合运用能力，而且都不考查口语能力。虽然区和市的统考如期举行，对教学有一定影响，但未形成明显的应试教学。小学四年级的英语教材编得较好，符合大纲和课标的要求。但是，配套练习册和其他多种练习册却以语言知识为纲，提供大量去情景和去上下文的语言练习。小学四年级英语教学中最大的问题是课时普遍不足，而且许多学校的教学设备落后且匮乏。

第三个参照点是初中二年级的英语教学现状。调查研究表明，初中二年级英语教学离大纲和课标的要求甚远。跟小学四年级教师一样，受当今外语教学理论的影响，初中二年级英语教师赞同教学大纲提出的要求，也赞同采用接近真实语言使用的活动开展教学。但是，相当一部分教师仅停留在认识层面，在实际教学中却无法摆脱以语言知识为中心的传统教法。尽管初中二年级的教学时间比较充足，教学设备也不差，英语教材也较好地体现了大纲和课标的要求，然而，教材中不少有助于打造英语综合运用能力的好练习（特别是任务型练习）却被弃之不用，取而代之的是语言知识灌输与机械操练，如教师讲解语法知识，学生背读单词和语法规则等。与小学四年级相比，初中二年级英语教学更偏重传统的语言知识灌输，这与中考英语有一定的关系。初中二年级学生和教师都非常关心中考，有的已经开始备考。有的教师认为，中考英语80%的内容来自初中二年级的教学内容，而且主要是词汇和语法知识，教学只有紧扣语言知识才能考出好成绩。因其关系到考生、家长和学校的重大利益，中考英语试卷对初中二年级各种英语测试的影响尤为明显，其中包括区和市的统一考试，其内容和题型与中考试卷高度相似。这些考试又反过来影响初中二年级教学，有相当一部分课内外练习针对中考的内容和题型来设计，足见初中二年级英语应试教学的严重性。显然，初中二年级教师对监测还无暇顾及。

上述参照点是本研究的主要内容，研究过程留下了一些缺憾。一个主要不足之处，是忽略了对2011年英语科监测结果使用情况的调查。从风险构成的角度看，测评结果是否发挥作用以及作用是否正面，是后效研究的关注点之一。如果测评结果出现了偏离原本用途的附加用途，这将直接影响涉考者的利益，风险结构便会发生改变。2011年的监测结果汇报到各级教育部门之后，势必令各级教育部门有关人员感到压力，而他们所采取的应对措施有可能给下一级教育部门和接受监测的学校带来压力。因此，在后续研究中，追踪监测结果的使用情况应成为研究的重点之一。

另一不足之处，是受制于人力物力，本研究结果的概括性有一定的局限性。英语科监测工作在全国范围抽样开展，监测中心采用了科学的分层随机抽样方法，2011年共11个省市接受了监测。本课题在监测中心抽样的基础上选择了三个省的14所学校作为调查对象，虽有一定代表性，但样本仍不够大。后续研究应该在全体监测样本学校中严格随机抽样，扩大样本的代表性。

还有一个不足之处：本研究开发了一些数据收集工具，虽然经过信度和效度验证，但仍有改进余地。例如，英语教学现状问卷的第一部分第15题采用5级量表，从形式上与该部分的其他条目不协调，宜将其挪至第二部分，置于调查教学活动的条目之后。为此，我们对问卷进行了细节修改，经过改进的问卷及其修改理由见附录7。

7.2 后续研究框架与工具

针对我国外语教育质量监测而开发研究框架和工具，以利于后续跟

踪调查，是本研究对监测后效研究的一个贡献。这里先讨论后续研究的
框架和研究重点，后介绍研究工具与方法。

后续研究可沿用本课题建立的框架，从三个方面开展调查：1）英语
科监测系统的风险变化；2）小学四年级教学状况；3）初中二年级教学
状况。此三方面的内容涉及调查的范围、重点和方法，如表33所示。

表33 英语科监测系统后效研究框架与重点

内容 ＼ 调查	范围	重点	方法
英语科监测系统的风险变化	监测结果的用途，涉考群体	监测结果的用途	采访各级教育部门相关领导与工作人员，监测定点学校的教师与学生。
小学四年级英语教学情况	教师对监测的了解与态度，教学材料，教学设备，时间安排，教学活动，测试评估	教学活动类型，测试评估中口试的比重	采访小学四年级教师，进行课堂观察，开展问卷调查。
初中二年级英语教学情况	教师对监测的了解与态度，教学材料，教学设备，时间安排，教学活动，测试评估	教学活动类型，测试评估中口试的比重	采访初中二年级教师，进行课堂观察，开展问卷调查。

框架中的第一项调查内容是英语科监测系统的风险变化。根据 DST
理论，动态变化是系统的基本特征，变化的动力来自系统内部各要素之
间的互动及其与环境的交互作用和资源置换。英语科监测系统也具备这
些特征，追踪其风险的动态变化理应是后效研究的主要任务，研究重点
则是监测结果的使用。若结果坚持用于决策参考，风险构成的基本框架
会保持相对稳定，系统便维持低风险状态，对教学不会造成冲击和影响。
若监测结果出现附加用途，如上级教育部门根据结果表扬或批评下级教
育部门，或责成监测中表现欠佳的学校改善教学，监测系统的风险结构
便有可能发生改变，推高系统的风险等级。这种情况一旦发生，相关部
门或学校将承压，变为核心涉考群体，势必采取措施去应对监测，以备
再次被抽查时考出好成绩。与此同时，其他学校也有可能因担心被抽查
而跟着应试。这便是系统内部变化与环境因素互动带来的后果。研究后
效动态变化的主要方法是访谈，对象包括相关教育部门工作人员、学校
管理人员和教师，从不同的角度和渠道验证信息的可靠性和有效性。若

发现有违规使用监测结果的情况，需上报教育部，及时采取措施，以维护监测系统的低风险状态。

　　跟踪监测系统风险变化，旨在抑制负面后效。监测是为教育决策服务，而决策的宗旨是实现教育公平，全面提升教育质量。如果目的达到，监测也就实现了正面后效。监测的理想状态是，能够提供准确可靠的信息，供决策部门参考并据此做出正确的决策，再由职能部门忠实执行，最终促进全国基础教育质量的提升。任何负面后效（包括应试教学）都违背监测的初衷，给监测带来损害。因此，在开展监测的过程中，尽量避免负面后效，避免引发应试教学，是对监测工作的基本要求。只要监测部门与其他教育部门达成共识，协同努力，平抑负面后效的目标是可以实现的。

　　调查的第二项内容是小学四年级的英语教学状况。研究范围包括教学材料和设备、时间安排、教学活动、测试评估和教师信念。调查重点是课内外的教学活动类型，关注孤立考查语言知识和口试在考试中所占的比例。调查结果将与本课题创立的参照点对比，活动类型可作为对比的指标，用以辨别小学四年级英语课堂教学是趋向于兴趣和语言运用能力的培养，还是停留在语言知识的灌输上。若教学注重的是前者，考试中孤立考查语言知识的比例应该有所下降。调查方法可采用访谈、课堂观察和问卷方式。

　　调查的第三项内容是初中二年级的英语教学状况。调查范围与重点与小学四年级的基本相同，方法也可一样，不同之处是需要关注目前的中考英语和将来的初中毕业学业考试对教学的影响。如果调查结果与本课题的基准数据对比之后出现变化，需要明确这些变化是否与监测有关。例如，若教学中机械操练语言知识的比重下降，而语言运用型活动增多，应回答这样的问题：此现象是否与英语科监测内容有关？又如，若发现口试的比重增加，需澄清这是否受英语监测口试的影响。这些问题对小学四年级和初中二年级的教学监测都一样存在，要获得答案，需对教师、学生和学校管理人员进行访谈。

　　为了后效研究顺利延续下去，可借鉴以下思路。本课题开发并验证过的数据采集工具可供后续研究者选用（参阅附录提供的访谈提纲、调查问卷、课堂观察记录表等）。调查监测系统的风险变化应主要通过访谈进行，既可当面访谈，也可电话访谈。调查小学四年级和初中二年级的教学状况，方式可以是访谈、课堂观察和问卷调查。开展后效研究的学校应严格随机抽样，样本宜在国家监测中心抽取的学校中再次抽取，以确保样本的代表性，确保获取的后效信息有效可靠。因为后效调研已在柳州的两所学校开展，应以此为长期观测的定点学校，定时去收集数据。访谈和课堂观察必须深入到学校，而问卷数据可以利用问卷星等网站收集。利用互联网有两个好处：一是通过程序设置，未完成全部项目的答卷无法提交，收集到的数据均有效；二是数据直接下载之后便可分析，省去人工录入环节，避免输入错误。数据收集时间应定为每次监测实施之前和之后一个月，或者在监测结果反馈到各教育部门之后的一个月。后效研究须长期观察，建议基础教育质量监测中心指定专人负责，可考虑邀请英语教育研究方向的研究生参与，结合他们的论文写作开展调查，以保证后效研究能够长期坚持下去，为国家教育质量监测及时提供反馈信息，助其顺利开展。

参考文献

Alderson, C. 2002. *Conceptions of validity and validation.* Paper presented at the Postgraduate Research Seminar in Applied Linguistics, Department of English, The Hong Kong Polytechnic University.

Alderson, C. & Hamp-Lyons, L. 1996. TOEFL preparation courses: A study of washback. *Language Testing*, 13: 280-297.

Alderson, C. & Wall, D. 1993. Does washback exit? *Applied Linguistics*, 14: 115-129.

Amrein, A. & Berliner, D. 2002. High-stakes testing, uncertainty, and student learning. *Education Policy Analysis Archives*, 18: 1-74.

Au, W. 2009. Social studies, social justice: Whither the social studies in high-stakes testing? *Teacher Education Quarterly*, 36: 43-58.

Bachman, L. & Palmer, A. 1996. *Language Testing in Practice.* Oxford: Oxford University Press.

Bachman, L. & Palmer, A. 2010. *Language Assessment in the Real World: Developing Language Tests And Justifying Their Use.* Oxford: Oxford University Press.

Bailey, K. 1996. Working for washback: A review of the washback concept in language testing. *Language Testing*, 13: 257-279.

Baird, J. Isaacs, T. Johnson, S. Stobart, G. Yu, G, Sprague, T. & Daugherty, R. 2011. *Policy Effects Of PISA.* Oxford University Centre for Educational Assessment.

Borg, S. 2003. Teacher cognition in language teaching: A review of research on what teachers think, know, believe, and do. *Language Teaching*, 36: 81-109.

Borg, S. & Al-Busaidi, S. 2012.Teachers' beliefs and practices regarding learner autonomy. *ELT Journal*, 66: 283-292.

Bourdieu, P. 1984. *Distinction: A Social Critique of the Judgment of Taste. R. Nice, Trans.* Cambridge, MA: Harvard University Press.

Bracey, G. 1987. Measurement-driven instruction: Catchy phrase, dangerous practice. *Phi Delta Kappan*, 68: 683-686.

Braun, H. 2004. Reconsidering the impact of high-stakes testing. *Education Policy Analysis Archives*, 1: 1-43.

Carnoy, M. & Loeb, S. 2002. Does external accountability affect studentsoutcomes? A cross-state analysis. *Educational Evaluation and Policy Analysis, 24: 305-331.*

Cheng, L. 2005. *Changing Language Teaching Through Language Testing: A Washback Study.* Studies in Language Testing: Volume 21. Cambridge: Cambridge University Press.

Cheng, L. 2008. Washback, impact and consequences.In Shohamy, E. & N. H. Hornberger (eds). *Encyclopedia of Language and Education. Vol. 7: Language Testing and Assessmen,* 349-364. Springer Science + Business Media LLC.

Cheng, L. Andrews, S. & Yu, Y. 2011. Impact and consequences of school-based assessment (SBA): Students' and parents' views of SBA in Hong Kong. *Language Testing*, 28: 221-249.

Davies, A. 1977. The construction of language tests. In J. P. B. Allen & A. Davies (eds.), *Testing and Experimental Methods.* Oxford: Oxford University Press.

de Bot. 2008. Introduction: Second language development as a dynamic process. *Modern Language Journal*, 92: 166-178.

de Bot, K., W. Lowie & Verspoor, M. 2007. Dynamic Systems Theory and approach to second language acquisition. *Bilingualism: Language and Cognition*, 10: 7- 21.

Denvir. D. 2012. How "No Child Left Behind" unleashed a nationwide epidemic of cheating. Retrieved on 2014-2-27 at http://www.alternet.org/story/155611/how_%22no_child_left_behind%22_unleashed_a_nationwide_epidemic_of_cheating.

Gosa, C. M. C. 2009. *Investigating Washback: A Case Study Using Student Diaries.* VDM Verlag Dr. Muller Aktiengesellschaft & Co. KG.

Green, A. 2006. Watching for washback: Observing the influence of the international English language testing system academic writing test in the classroom. *Language Assessment Quarterly*, 3: 333-368.

Green, A. 2007. *IELTS Washback in Context: Preparation for Academic Writing in Higher Education.* Cambridge: Cambridge University Press.

Haladyna, T. M., Nolen, S. B. & Haas, N. S. 1991. Raising standardized achievement test scores and the origins of test score pollution. *Educational Researcher*, 20 (5): 2-7.

Hanushek , E. A. & Raymond, M. E.2005. Does school accountability lead to improved student performance? *Journal of Policy Analysis and Management*, 24: 297-327.

Herman, J. L. & Golan, S. 1993. The effects of standardized testing on teaching and schools. *Educational Measurement: Issues and Practice,* 12(4): 20-25, 41-42.

Hughes, A. 1988. Introducing a needs-based test of English language proficiency into an English-medium university in Turkey. In A. Hughes (ed.), *Testing English for University Study. ELT Document,* 127: 134-146. Modern English Publications.

Hughes, A. 1993. Backwash and TOEFL 2000. *Unpublished Manuscript*, University of Reading.

Hughes, A. 2003. Testing for Language Teachers (2ed). Cambridge: Cambridge University Press.

Kern, D. 2013. Zombie ideas in education: High-takes testing and graduation policies. *New England Reading Association Journal*, 49: 1-6.

Kuckartz, U. 1998. *WinMax. Scientific Text Analysis for the Social Sciences: User's Guide.* Thousand Oaks: Sage Publications, Inc.

Larsen-Freeman, D. 1997. Chaos/Complexity science and second language acquisition. *Applied Linguistics*, 18: 141-165.

Larsen-Freeman, D. & L. Cameron. 2008. Research methodology on language development from a Complex Systems perspective. *The Modern Language Journal*, 92: 200-213.

Lee, J. 2006. *Tracking Achievement Gaps and Assessing the Impact of NCLB on the Gaps: An In-depth Look into National and State Reading and Math Outcome Trends.* Cambridge, MA: The Civil Rights Project at Harvard University.

Lee, J. 2008. Is test-driven external accountability effective? Synthesizing the evidence from cross-state causal-comparative and correlational studies. *Review of Educational Research*, 78: 608-644.

Li, X. 1990. How powerful can a language test be? The MET in China. *Journal of Multilingual and Multicultural Development*, 11: 393-404.

Linn, R. L. 1997. Evaluating the validity of assessments: the consequences of use. *Educational Measurement: Issues and Practice*, 16(2): 14-16.

Linn, R. L. 2000. Assessments and accountability. *Educational Researcher*, 29(2): 4-16.

Madaus, G. F. 1988. The influence of testing on the curriculum. In Tanner, L. N. (ed.) *Critical Issues in Curriculum: Eighty-seventh Yearbook of the National Society for the Study of Education*, 83-121. Chicago: University of Chicago Press.

Mehrens, W. A. & Kaminski, J. 1989. Methods for improving standardized test scores: Fruitful, fruitless, or fraudulent? *Educational Measurement: Issues and Practice*, 8(1): 14-22.

Messick, S. 1989. Validity. In Linn, R. (ed.) *Educational Measurement,* 13-103. New York: ACE/Macmillan.

Messick, S. 1996. Validity and washback in language testing. *Language Testing*, 13: 241-56.

Miles, M. B. & Huberman, A. M. 1994. *Qualitative Data Analysis*. Thousand Oaks: Sage Publications.

Morrow, K. 1986. The evaluation of tests of communicative performance. In M. Portal (ed.), *Innovations in Language Testing,* 1-13. Windsor: NFER-NELSON.

Muñoz, A & Álvarez, M. 2010. Washback of an oral assessment system in the EFL classroom. *Language Testing*, 27: 33-49.

Nolen, S. B., Haladyna, T. M. & Haas, N. S. 1992. Uses and abuses of achievement test scores. *Educational Measurement: Issues and Practice*, 11(2): 9-15.

Pajares, M. F. 1992. Teachers' beliefs and educational research: Cleaning up a messy construct. *Review of Educational Research*, 62: 307-332.

Paris, S. G., Lawton, T., A. Turner, J. C. & Roth, J. L. 1991. A developmental perspective on standardized achievement testing. *Educational Researcher*, 20(5): 12-20.

Pearson, I. 1988. Tests as levers for change. In D. Chamberlain & R. J. Baumgardner (eds.), *ESP in the Classroom: Practice and Evaluation* 98-107. Modern English Publications, in association with the British Council.

Popham, W. J. 1987. The merits of measurement-driven instruction. *Phi Delta*

Kappan, 68(9): 679 - 682.

Popham, W. J. 1990. Inflated test score gains: Is the problem old norms or teaching the test? *Educational Measurement: Issues and Practice*, 9(3): 15-22.

Popham, W. J. 1991. Appropriateness of teachers' test-preparation practices. *Educational Measurement: Issues and Practice*, 10(4): 12-15.

Popham, W. J. 1997. Consequential validity: Right concern — wrong concept. *Educational Measurement: Issues and Practice*, 16(2): 9-13.

Saif, S. 2006. Aiming for positive washback: A case study of international teaching assistants. *Language Testing*, 23: 1-34.

Shepard, L.A. 1990. Inflated test score gains: Is the problem old normsor teaching the test? *Educational Measurement: Issues and Practice*, 9: 15-22.

Shepard, L. A. 1997. The centrality of test use and consequences for test validity. *Educational Measurement: Issues and Practice*, 16(2): 5-8, 13, 24.

Shih, C. 2007. A new washbackmodel of students' learning. *The Canadian Modern Language Review*, 64: 135-162.

Shih, C. 2010. The washback of the General English Proficiency Test on university policies: A Taiwan case study. *Language Assessment Quarterly*, 7: 234-254.

Shohamy, E. 1993. The power of test: The impact of language testing on teaching and learning. *NFLC Occasional Papers, June 1993*: 1-13.

Shohamy, E. 2001. *The Power of Tests: A Critical Perspective on the Uses of Language Tests*. London: Pearson Education.

Shohamy, E., S. Donitsa-Schmidt & I. Ferman, I. 1996. Test impact revisited: Washback effect over time. *Language Testing*, 13: 299-317.

Smith, M. L. 1991a. Meaning of test preparation. *American Educational Research Journal*, 28(3): 521-542.

Smith, M. L. 1991b. Put to the test: the effects of external testing on teachers. *Educational Researcher*, 20(5): 8-11.

Smith, M. L. & Rottenberg, C. 1991. Unintended consequences of external testing in elementary schools. *Educational Measurement: Issues and Practice*, 10(4): 7-11.

Stobart, G. & Eggen, T. 2012. High-stakes testing–value, fairness and consequences. *Assessment in Education: Principles, Policy & Practice,* 19: 1-6.

Strauss, V. 2013a. Atlanta test cheating: Tip of the iceberg? 2014-02-25 retrieved at http://www.washingtonpost.com/blogs/answer-sheet/wp/2013/04/01/atlanta-test-cheating-tip-of-the-iceberg/.

Strauss, V. 2013b. 50 ways adults in schools "cheat" on standardized tests. 2014-02-25 retrieved at http://www.washingtonpost.com/blogs/answer-sheet/wp/2013/03/31/50-ways-adults-in-schools-cheat-on-standardized-tests/.

Verspoor, M. H., de Bot, K. & Lowie, W. (eds). 2011. *A Dynamic Approach to Second Language Development: Methods and Techniques.* Amsterdam: John Benjamins Publishing Company.

Verspoor, M., W. Lowie & van Dijk, M. 2008. Variability in L2 development from a dynamic systems perspective. *The Modern Language Journal,* 92: 214-231.

Wall, D. 1996. Introducing new tests into traditional systems: Insights from general education and from innovation theory. *Language Testing,* 13: 334-354.

Wall, D. 1997. Impact and washback in language testing. In C. Clapham & D. Corson (eds.), *Testing and Assessment. The Kluwer Encyclopedia of Language in Education Vol. 7,* 291-302. Netherlands: Kluwer Academic Publishers.

Wall, D. & Alderson, J. C. 1993. Examining washback: The Sri Lankan impact study. *Language Testing, 10*: 41-69.

Wall, D. & Horak, T. 2006. *The Impact of Changes in the TOEFL Examination on Teaching and Learning in Central and Eastern Europe: Phase 1, The Baseline Study.* TOEFL Monograph No. MS-34. Princeton, New Jersey: ETS.

Wall, D. & Horak, T. 2007. Using baseline studies in the investigation of test impact. *Assessment in Education,* 14: 99-116.

Wall, D. & Horak, T. 2008. *The Impact of Changes in the TOEFL Examination on Teaching and Learning in Central and Eastern Europe: Phase 2, Coping With Change.* TOEFL Monograph No. TOEFLiBT-05. Princeton, New Jersey: ETS.

Watanabe, Y. 1996. Does grammar translation come from the entrance examination? Preliminary findings from classroom-based research. *Language Testing*, 13: 318-333.

Watanabe, Y. 2004. Methodology in washbackstudies. In Cheng, L. & Y. Watanabe with A. Curtis (eds). *Washback in Language Testing: Research Contexts and Methods*, 19-36. Mahwah, New Jersey: Lawrence Erlbaum Associates.

Wiley, D. E. 1991. Test validity and invalidity reconsidered. In R. E. Snow & D. E. Wiley (eds.). *Improving Inquiry in Social Science*. Hillsdale: Lawrence Erlbaum Associates, Publishers: 75-107.

Xie, Q. *2010. Test Design and Use, Preparation, and Performance: A Structural Equation Modeling Study of Consequential Validity*. Unpublished PhD thesis. The University of Hong Kong.

曹勤，2009，大学英语四级网考听力测试对大学英语教师教学的反拨效应研究。外国语文（5）：164-168。

陈茜，2010，语言测试对学生英语学习的反拨作用——基于新大学英语四级考试的一项调查。吉林省教育学院学报（10）：58-60。

陈向明，2000，质的研究方法与社会科学研究。北京：教育科学出版社。

程爱华，1996，从初中英语教学现状看师专英语教改走向。外语界（1）：43-46。

戴家干，2011，坚持公平公正：深化高考改革。求是杂志（2）：57-59。

方针，2014，农村初中英语教学及优化路径分析。学理论（21）：241-242。

冯永刚，2007,复杂科学视域下的德育评价。外国教育研究（11）：40-43。

付瑶，2010，大学英语四级考试对视听说教学的反拨效应。吉林广播电视大学学报（10）：127-128。

付习涛、杨小燕，2006，一项小学英语教学现状的调查。山东师范大学外国语学院学报（基础英语教育）（4）：30-33。

龚海波，2014，浅谈初中英语教学方法。赤子（20）：163。

辜向东，2007，大学英语四、六级考试对中国大学英语教学的反拨效应实证研究。重庆大学学报（社会科学版）（4）：119-125。

桂诗春、李筱菊、李崴，1988，英语标准化考试试验的回顾与总结。肖惠云主编：英语标准化考试与中学英语教学：37-63。广州：广东教育出版社。

韩宝成，2010，关于我国中小学英语教育的思考。外语教学与研究（4）：300-302。

韩宝成、戴曼纯、杨莉芳，2004，从一项调查看大学英语考试存在的问题。外语与外语教学（2）：17-23。

胡姝钰，2013，中学与小学英语教师教学信念的对比研究。海外英语（6）：18–19。

黄大勇，2011，构建语言测试效应研究的理论基础。现代外语（3）：296-302。

黄雪娜、崔淼，2009，英、法、德基础教育质量监测体系的比较分析。外国中小学教育（10）：26-30。

黄志红，2013，基于标准与导向结果：美国基础教育质量监测的实践及启示。广东教育（5）：62-64。

金艳，2000，大学英语四、六级考试口语考试对教学的反拨作用。外语界（4）：56-61。

井升华，1999，我国大学英语教学费时低效的原因。外语教学与研究（1）：21-23。

教育部基础教育质量监测中心，2011，2011年国家基础教育质量监测——国家视导员工作手册。

李宏娟，2009，大学英语四、六级考试改革对大学英语教学的影响及反拨效应。中国科教创新导刊（32）：1。

李兰霞，2011，动态系统理论与第二语言发展。外语教学与研究（3）：409-421。

李莉、罗再香，2007。西部小学英语教学情况的调查与思考。内江师范学院学报（1）：155-158。

李涛、田晓红，2013，农村小学英语教学现状调查与对策——以山东省农村小学为例。教育教学论坛（3）：144-145。

李筱菊，1997，语言测试科学与艺术。长沙：湖南教育出版社。

李晓兰，2014，桂西北农村小学英语教学现状的调查与建议。当代教育理论与实践（1）：6-8。

李协京，2009，国外中小学教育质量监测研究报告。纪念《教育史研究》创刊二十周年论文集（17）——外国教育政策与制度改革史研究：1546-1553。

李星梅，2008，新课标下小学英语教学现状的调查—以广东西部山区阳春市为例。内蒙古师范大学学报（教育科学版）（4）：34-38。

刘慧贤、潘若芸，2000，包头市初二英语教学现状的调查与分析。阴山学刊（4）：78-82。

刘润，2004，白银市平川区小学英语教学情况的调查与思考。甘肃科技（4）：156-158，105。

刘润清，1999，刘润清论大学英语教学。北京：外语教学与研究出版社。

刘源、房洁，2013，初中英语教学中的语法教学困境与建议分析。中国校外教育（34）69。

楼荷英、寮菲，2005，大学英语教师的教学信念与教学行为的关系——定性与定量分析研究。外语教学与研究，（4）：271-275。

栾慧，2013，农村小学英语教学现状、问题及其对策研究——以兴安盟科尔沁右翼中旗小学为例，硕士论文，内蒙古师范大学。

潘清，2012，小学英语教学的变化—— 一项四省一市的小学英语教学现状调查。英语教师（3）：30-34，44。

齐家媛、崔宇宁，2014，新课程标准下小学英语教学现状研究。统计与管理（10）：38-40。

亓鲁霞，2004，意愿与现实：中国高等院校统一招生英语考试的反拨作用研究。北京：外语教学与研究出版社。

亓鲁霞，2007，高考英语的期望后效与实际后效——基于短文改错题的调查。课程．教材．教法（10）：43-46。

束定芳、励哲蔚、张逸岗，2003，上海市小学英语教学情况的调查与思考。外语界（3）：54-62。

唐耀彩、彭金定，2004，大学英语口语考试对英语学习的反拨作用。外语界（1）：25-30。

万丽、肖凤琼、闵永兰、蒲常平，2009，四川农村初中英语教学现状调查。内江师范学院学报（2）：96-98。

王家和，2008，贵州民族地区小学英语教育生态调查与分析。中小学外语教学（小学篇）（8）：21-25。

王建丽，2014，初中英语词汇教学现状调查研究——以济南市三所初中为例。硕士论文，山东师范大学。

王洁，2013，PISA 2012 问题解决评估框架分析及其对教学改革的启示。外国中小学教育（10）：1-5。

王磊，2012，农村小学英语教师的教师信念现状研究。海外英语，（12）：37-38，42。

王勤梅，2012，近十年我国小学英语实证研究述评。英语教师（02）：63-69。

王淑芳，2008，佳木斯地区农村小学英语教学现状的调查报告。黑龙江教育学院学报（11）：172-173。

王晓燕，2013，美国基础教育质量问责的制度创新及借鉴。外国教育研究（2）：3-9。

王毓珣，1999，国外教育质量监测述评。外国教育研究（6）：23-26。

韦晓露，2014，多媒体技术在农村初中英语教学应用中的优势与不足。中国校外教育（25）：74。

伍宏传，2003，大学英语口语考试反拨效应的调查研究。长沙铁道学院学报（3）：48-50。

吴启迪，2005，教育部副部长吴启迪同志在大学英语四、六级考试改革新闻发布会上的讲话。外语界（2）：2-4。

辛涛、胡平平，2013，我国国家基础教育质量监测新进展。中国教育报，2013 年 3 月 27 日第 9 版。

辛涛、李峰、李凌艳，2007，基础教育质量监测国际比较。北京师范大学学报（社会科学版）（6）：5-10。

杨惠中、桂诗春，2007，语言测试的社会学思考。现代外语（4）：368-374。

杨惠中、Weir, C.，1998，大学英语四、六级考试效度研究报告。上海：上海外语教育出版社。

叶翠英，2001，大学英语考试对教学反拨作用的调查与思考。广西教育学院学报（3）：58-60。

叶菊仙，1998，大学英语考试对教学反拨作用的调查和思考。外语界（3）：40-43。

余胜映、余胜培、吴华兰，2013，贵州小学英语教学现状的调研分析与对策研究。贵州省外语学会 2013 年语言与教学研讨会论文集，贵州省外语学会。

郇芳，2014，延安市小学英语教学现状调查与分析。校园英语（16）：52-53。

张慧，2014，初中英语教学面临的挑战与对策。中国电子商情（基础电子），网址：http://www.cnki.net/kcms/detail/11.3648.F.20141113.1627.028.html。

张林静，2012，国际基础教育质量监测述评。石家庄学院学报，（4）：

87-91。

张绍杰，2003，教考分离——大学英语四、六级考试改革的必由之路。外语教学与研究（5）：385-386。

张晓婷，2013，广州中小学毕业考试、民办初中联考时间表敲定6月26日、27号。2014-12-22下载，http://www.gdzsxx.com/zxx/zkdt/35731.html。

张扬，2012，新课标修订了，我们准备好了吗？——小学英语教学现状调研报告。内蒙古教育（17）：19-21。

张玉如，2013，初中英语语法教学现状的调查研究——以平泉县为例。硕士论文，曲阜师范大学。

周世科，2012，国内外基础教育质量监测概览。江苏教育研究（2）：58-63。

周志平，2005，复杂科学在教育研究中的方法论意义。教育理论与实践（4）：1-5。

朱健源，2011，初中英语教学现状调查与思考——基于涪陵地区的个案研究。赤峰学院学报（科学教育版）（7）：162-163。

NEAP 官方网站：http://www.nagb.org/naep/what-naep.html.

NAP 官方网站：http://www.nap.edu.au.

PISA 官方网站：http://www.oecd.org/pisa/aboutpisa.

TIMSS 官方网站：http://www.iea.nl/completed_studies.html.

凤凰网：http://sn.ifeng.com/shanxizhuanti/yyslj，Retrieved 2014-02-8.

教育部基础教育质量监测中心网站：http://www.eachina.org.cn.

教育部基础教育质量监测中心网站：http://www.eachina.org.cn/eac/dcdt/ff808081320388680132f742ad22005f.htm.

教育部基础教育质量监测中心网站 b）：http://www.eachina.org.cn/eac/dcdt/ff8080813203886801338c80074100a6.htm.

附 录

附录 1　访谈提纲

小学四年级教师访谈提纲

老师您好！谢谢您接受我们的访谈。此次访谈的目的是了解小学英语教学的现状，没有评估的任务，所以请不要有任何顾虑。

1. 个人信息【教龄、受教育背景（哪个学校毕业，当年学英语时哪些东西印象较深刻等）、工作量（这个班是否由您带上来的，是否跨年级教书）、年龄等】

2. 现在你们用的是什么版本的教材？您觉得这本教材对小学四年级的学生来说是否合适？（好在哪？不好的地方在哪？）

3. 平时您上课还有其他补充教材或练习吗？

4. 您能给我们介绍一下这个学期这门课是怎么安排的吗？具体到一个单元的课您是怎么上的？如流程等。（其中涉及怎么教、学生在课堂上主要做什么、老师的教案）

5. 课后作业是如何布置和检查的呢？学生反映出的情况您能给我们介绍一下吗？（适当追问作业内容如何检查）

6. 学生每个学期的英语学业水平你们是如何评测的呢？（如期中期末单元测验等）学生们一般都是如何准备的呢？老师有做相关的辅导和配合吗？可以具体说明一下吗？

7. 除此之外还有其他的考试吗？（如区统考、调研考试等）这些考试是如何考的呢？试卷是谁设计的？能给我们看看试卷吗？考试的成绩会体现在学生的期末学业成绩中吗？占多少比例？您如何看待这种成绩的比重？学生的考试成绩对您有什么影响（绩效工资中是否会体现）？

8. 对考试结果进行分析吗？都做哪些分析呢？为什么？

9. 平时你们是如何备课的呢？有集体备课吗？您是如何看待集体备课的呢？（主要了解教学方法，教师的 perception，可问老师上几个班的英语课，是否相同年级，备课时是否有参考学生自身水平不同的具体情况）

10. 您在教学中是如何运用国家课标的？（如对方回答不知道国家课标，可追问是否有当地的课标。如对方回答有用国家课标来指导教学，则追问为什么？怎么用？）上级主管部门是如何向你们传达课标的精神的？（如集中学习、开会等）

11. 学校和市、区教研室有给你们提供哪些课程资源？是怎么利用的呢？（如多媒体、PPT、监测试卷、统一订英语报等）

12. 除了您前面提到的问题之外，小学四年级英语教学还存在哪些其他的问题？如何解决？（了解教师的 personal belief，以及她的教学重点，为什么这么做，到时可与实际的课堂观察做对比，看老师的 intention 是否有真正体现到教学实践中。）

13. 您希望小学四年级的学生学完小学四年级英语后应具备哪些能力？为什么？

附加：听课时若发现老师特别强调的东西，要追问（"我们看到您在课上……，您这样做的原因是什么呢？"）

我想了解的就是这些，回去如果又想起了什么问题，可能还要来麻烦您。可以给我一个联系方式吗？谢谢！

小学四年级学生访谈提纲

1. 你好啊，你叫什么名字？在班上担任什么职务？
2. 生活中哪些情况下会碰到英语？
3. 英语有趣吗？为什么？
4. 这个学期上了四周的新课了吧，现在教到哪了？你能回忆一下新课是怎么上的吗？一般上哪些部分？有些什么活动？
5. 上周布置了些什么作业？老师检查了吗？怎么检查？
6. 课外除了完成家庭作业，还做哪些跟英语有关的事情呢？
7. 除了课本还有什么学习资料呢？（例如，课外辅导书、光盘、磁带、英语读物、英汉字典、电脑、DVD）
8. 这个学期有没有什么英语兴趣班想报的？为什么？

谢谢你的帮助！可以给我一个联系方式吗？

初中二年级教师访谈提纲

1. 个人信息（教龄、受教育背景、工作量、年龄等）你学英语时对你什么东西印象比较深？

2. 现在你们用的是什么版本的教材？您觉得这本教材对初中二年级的学生来说是否合适？（好在哪？不好的地方在哪？）

3. 平时您上课还有其他补充教材或练习吗？

4. 您能给我们介绍一下这个学期这门课总体是怎么安排的吗？具体到一个单元的课您是怎么上的？（其中涉及怎么教？学生在课堂上主要做什么？老师的教案）

5. 课后作业是如何布置和检查的呢？学生反映出的情况您能给我们介绍一下吗？（适当追问作业内容如何检查的）

6. 学生每个学期的英语学业水平你们是如何评测的呢？（如期中、期末单元测验等）学生们一般都是如何准备的呢？老师有做相关的辅导和配合吗？可以具体说明一下吗？

7. 除此之外还有其他的考试吗？（如区统考、调研考试等）这些考试是如何考的呢？试卷是谁设计的呢？能给我们看看试卷吗？考试的成绩会体现在学生的期末学业成绩中吗？占多少比例呢？您如何看待这种成绩的比重呢？

8. 对考试结果进行分析吗？都做哪些分析呢？为什么？

9. 学生成绩平均分对你们有没有什么影响？（比如会不会影响绩效工资和奖金）

10. 平时你们是如何备课的呢？有集体备课吗？您是如何看待集体备课的？（主要了解教学方法，教师的 perception，可问老师上几个班的英语课，是否相同年级，备课时是否有参考学生自身水平不同的具体情况。）

11. 您在教学中是如何运用国家课标的？（如对方回答不知道国家课标，可追问是否有当地的课标。如对方回答有用国家课标来指导教学，则追问为什么？怎么用？）上级主管部门是如何向你们传达课标的精神的？（如集中学习、开会等）

12. 学校和市、区教研室有给你们提供哪些课程资源？是怎么利用的呢？（如多媒体、PPT、监测试卷、统一订英语报等）

13. 您觉得现在的初中二年级英语教学存在哪些问题？如何解决？（了解教师的 personal belief，以及她的教学重点，为什么这么做，到时可与实际的课堂观察做对比，看老师的 intention 是否有真正体现到教学实践中。）

14. 您希望初中二年级的学生学完初中二年级英语后应具备哪些能力？为什么？

访谈提示：听课时若发现老师特别强调的东西，要追问（"我们看到您在课上……，您这样做的原因是什么呢？"）

我想了解的就是这些，回去如果又想起了什么问题，可能还要来麻烦您。可以给我一个联系方式吗？谢谢！

初中二年级学生访谈提纲

1. 你好，你叫什么名字？在班上担任什么职务？
2. 生活中哪些情况下会碰到需要用英语的场合？
3. 喜不喜欢英语，为什么呢？
4. 这是你们的教材吧，现在教到哪儿了？一个单元老师要上几节课，一般上哪些部分？怎么上的？除了教材还有什么学习资料呢？
5. 使用光盘、磁带、英语读物、英汉字典、电脑、DVD 等学习英语吗？
6. 英语课有些什么活动？最喜欢的活动是哪些？有没有不喜欢的活动？
7. 课后有些什么作业？有听说的内容吗？老师检查吗？
8. 课外除了完成家庭作业，还会怎样学习英语？比如说怎么记单词？
9. 英语学习中你的强项和弱项是什么？自己有没有学习方法弥补弱项，应对学习中的困难？
10. 有没有参加英语兴趣班或补习班？为什么参加呢？跟学校的英语课有什么不一样的呢（如班级规模、课堂风格、教材、活动）？
11. 一个学期有几次考试？难不难呢？你会准备吗？怎么准备呢？
12. 你们是怎么知道成绩的？试卷发下来后老师会做些什么？你们要做些什么？
13. 你现在开始准备中考英语了吗？怎样准备呢？

谢谢你的帮助！可以给我一个联系方式吗？

附录 2　调查问卷

问卷 1

教师对英语教学质量监测工作的看法

老师，您好！我们需要了解教师对英语科教学质量监测的了解和看法，希望您能帮助我们填写此问卷。**请根据自己的真实想法和实际做法答题**，问卷谨作研究用途，**无需填写姓名**，不必有任何顾虑。多谢合作！

第一部分

请在下面的题项中**圈**上适合您的选项，或根据要求填写有关情况。

1. 您的性别：
   1）男　　　　　　　2）女
2. 您的年龄：
   1）25 岁以下　　2）26–35 岁　　3）36–45 岁
   4）46–55 岁　　5）56 岁以上

3. 您的最高学历是：
   1）初中及以下　2）高中　　　　3）非师范类中专
   4）中师　　　　5）师范类大专　6）非师范类大专
   7）师范类本科　8）非师范类本科　9）硕士
   10）其他（请说明）：_____
4. 您最高学历所学专业：
   1）英语专业　　　2）非英语专业
5. 您教小学英语的时间：
   1）不到 1 年　　2）1–3 年　　　3）4–5 年　　　4）6 年以上
6. 您教过几次小学四年级的英语？
   1）1 次　　　　2）2 次　　　　3）3 次
   4）4 次　　　　5）5 次及以上

第二部分

下面的部分旨在了解您对监测工作的了解和看法，请根据真实情况回答。

1. 您知道您的学生要参加英语科的监测测试吗？如果知道，您是什么时候、通过什么途径知道的？

　　_____

　　_____

2. 您的学生参加此次监测测试，您有什么感受？是否有压力？

　　_____

3. 监测之前，您有没有叫学生做准备？如果有，您让学生做了那些准备（请具体说明）？

　　_____

4. 如果将来再有监测测试，您会怎样帮助学生准备？

　　_____

5. 您认为有必要进行英语科的监测吗？为什么？

　　_____

6. 您个人认为小学四年级的英语监测测试题应该考查哪些内容？

　　_____

　　_____

请您检查是否按要求回答了以上全部问题。
多谢合作！

问卷 2

小学四年级英语教学情况

老师，您好！我们需要了解小学四年级英语教学情况，希望您能帮助我们填写此问卷。**请根据自己的真实想法和实际做法答题**，问卷仅作研究用途，**无需填写姓名**，不必有任何顾虑。多谢合作！

第一部分

请在下面的题项中选择适合您的选项，除非注明可以多选，否则每题只选一个选项。请点击该选项，或根据要求填写相关情况。

1. 您的性别：
   1）男　　　　　　　　　　　2）女
2. 您的年龄：
   1）25 岁以下　　2）25–34　　3）35–44　　4）45–54　　5）55–60
3. 您的最高学历是：
   1）初中及以下　　2）高中　　3）非师范类中专　　4）中师
   5）师范类大专　　6）非师范类大专　　7）师范类本科
   8）非师范类本科　9）硕士　　10）其他（请注明）：＿＿＿＿＿＿
4. 您最高学历所学专业：
   1）英语专业　　　　　　　　2）非英语专业
5. 您如果不是英语专业的毕业生，是否接受过英语培训？多长时间？
   （英语专业毕业生跳至第 6 题。）
   1）从未接受过培训　　2）累计 1–3 个月　　3）累计 4–6 个月
   4）累计 7–9 个月　　5）累计 10 个月–1 年
   6）1 年以上，请写明时间＿＿＿＿＿
6. 您教小学英语的时间：
   1）不到 1 年　　2）1–5 年　　3）6–10 年　　4）11–15 年
   5）16–20 年　　6）21 年以上
7. 你所在的学校是
   1）民办小学　　2）民办公助小学　　3）普通公立小学
   4）市一级公立小学　　5）省一级公立小学
8. 您在生活和工作环境中与外国人用英语面对面交流吗？（如与学校

　　的外籍教师、外国朋友等）

　　　　1）从来没有　　2）很少　　3）有时　　4）经常　　5）很频繁

9. 您通过电子邮件或电话与外国人用英语交流吗？

　　　　1）从来没有　　2）很少　　3）有时　　4）经常　　5）很频繁

10. 您是否在英语为母语的国家（如英国、美国、澳大利亚等）学习或生活过？多长时间？

　　　　1）从来没有　　2）3个月以内　　3）6个月以内

　　　　4）9个月以内　　5）1年及1年以上

11. 您教小学四年级采用的材料包括：（**根据实际情况可多选**）

　　　　1）英语教材　　2）教材配套练习册　　3）非教材配套的其他练习册

　　　　4）教材录音　　5）英语报纸（如英语周报）6）英语动画片片段

　　　　7）少儿英语读物（如漫画、简写版的童话故事等）

　　　　8）其他材料，请注明_____

12. 您上课常用的教学工具是：（**根据实际情况可多选**）

　　　　1）黑板　　2）白板　　3）中英文单词卡片　　4）图片、图画等

　　　　5）与教学内容相关的实物　　6）录音机　　7）点读笔

　　　　8）光盘播放器　　9）多媒体（包括电脑、投影仪、PPT等）

　　　　10）自己制作或利用其他教学工具，请注明 _____

13. 您教学中采用的评价包括：（**根据实际情况可多选**）

　　　　1）每课一测　　2）单元测验　　3）月考　　4）期中考试

　　　　5）区或市里组织的英语抽测　　6）学生平时表现记录

　　　　7）其他，请注明 _____

14. 区或市里组织的英语抽测对您的教学

　　　　1）没有影响　　2）影响很小　　3）有一定影响

　　　　4）有较大影响　　5）影响很大

15. 您的学生参加的所有评价和考试中，各种内容考查的频率如何？

	从不	很少	有时	经常	很频繁
1）词汇知识	1	2	3	4	5
2）语法知识	1	2	3	4	5
3）听	1	2	3	4	5
4）读	1	2	3	4	5
5）说	1	2	3	4	5
6）写	1	2	3	4	5

第二部分

请在下面各项中选择适合您的选项，请点击该选项。例：

从不　很少　有时　经常　很频繁
　1　　2　　3　　4　　　5

16. 英语课堂上各种活动的频率（包括早读和部分午休时间）

从不　很少　有时　经常　很频繁

1）老师带读或学生自行朗读单词和短语

　　　　　　　　　　　　1　　2　　3　　4　　5
2）就某个话题开展小组自由讨论　1　　2　　3　　4　　5
3）唱英语歌或朗读英语顺口溜和童谣 1　　2　　3　　4　　5
4）朗读单词和造句时，说出或写出相应的汉语意思

　　　　　　　　　　　　1　　2　　3　　4　　5
5）学生操练英语时配上动作　1　　2　　3　　4　　5
　　（如练习"turn right"时叫学生站起来向右转）
6）学生看图片或PPT说出英语单词　1　　2　　3　　4　　5
　　或用英语表述看到的内容
7）观看英文电影或动画片片断　1　　2　　3　　4　　5
8）老师讲解语法规则　　　　1　　2　　3　　4　　5
9）学生做角色扮演来操练句型　1　　2　　3　　4　　5
10）听写单词和短语　　　　1　　2　　3　　4　　5
11）师生或学生之间用英语对话，交换真实信息

　　　　　　　　　　　　1　　2　　3　　4　　5
（如老师问学生周末做了什么，学生根据真实情况回答）

17. 各类家庭作业的频率　　　　从不　很少　有时　经常　很频繁
1）抄写并背单词和短语　　　1　　2　　3　　4　　5
2）听英语对话或小故事　　　1　　2　　3　　4　　5
3）看英语动画片　　　　　　1　　2　　3　　4　　5
4）做语法词汇练习题　　　　1　　2　　3　　4　　5
5）抄写并背句子和课文　　　1　　2　　3　　4　　5
6）看课外英语故事或小短文　1　　2　　3　　4　　5

您同意下面各项说法吗？	完全不同意	一半同意		同意
	完全不同意	一半不同意		同意

18．在小学阶段学习英语，学生应该

1）学好基础词汇（如学习一个单词，　　　1　2　3　4　5
发音与拼写都要准确无误）

2）看或听简写版的英语故事或其他读物　　1　2　3　4　5

3）看到或听到所学过的单词、短语或句子时，1　2　3　4　5
马上可以用汉语准确说出其意思

4）学好基本的语法知识　　　　　　　　　1　2　3　4　5
（如用到名词时，单复数的形式要用对）

5）运用学过的单词短语进行简单交流　　　1　2　3　4　5
（如在街上碰到外国人时会用英语打招呼和道别）

6）观看英语动画片或电视上较简单的英语节目1　2　3　4　5

19．我教英语主要是为了学生将来

1）能达到相关要求，获得初中毕业文凭　　1　2　3　4　5

2）能通过各种英语考试找到好工作　　　　1　2　3　4　5

3）能到使用英语的国家留学或工作　　　　1　2　3　4　5

4）能在实际生活中运用英语　　　　　　　1　2　3　4　5
（如上网、看电视、读报纸等）

5）能在中考和高考英语中取得好成绩　　　1　2　3　4　5

6）能用英语通过各种渠道（如上网）　　　1　2　3　4　5
与其他国家的人交流

20．区或市里组织的英语抽测

1）所采用的题型我会专门给学生练习　　　1　2　3　4　5

2）可能考到的内容我会提醒学生注意　　　1　2　3　4　5

3）考试之前我会给学生进行有针对性的训练　1　2　3　4　5

第三部分

21．您对下面各项了解如何？	完全不知道	知道很少	有点了解	比较了解	非常了解

1）教育部开展了英语科的基础教育质量监测　1　2　3　4　5

【此题如果选择 1（完全不知道），则不必回答下面的小题】

2）英语科监测试卷考查的内容   1 2 3 4 5

3）英语科监测试卷采用的题型   1 2 3 4 5

22. 您同意下面各项说法吗?   完全不同意 一半同意 同意
           完全不同意 一半不同意 同意

1）有必要开展英语科的基础教育质量监测 1 2 3 4 5

2）监测有助于改善教学   1 2 3 4 5

3）监测会使学生和家长重视英语 1 2 3 4 5

请您检查是否回答了所有问题!

多谢合作!

初中二年级英语教学情况问卷（教师卷）

老师，您好！我们需要了解初中二年级的英语教学情况，希望您能帮助我们填写此问卷。**请根据自己的真实想法和实际做法答题**，问卷仅作研究用途，**无需填写姓名**，不必有任何顾虑。多谢合作！

第一部分

请在下面的题项中选择适合您的选项，除非注明可以多选，否则每题只选一个选项。请点击该选项，或根据要求填写相关情况。

1. 您的性别：
   1）男　　　　　　　　　　2）女
2. 您的年龄：
   1）25 岁以下　　2）25–34　　3）35–44
   4）45–54　　　5）55–60
3. 您的最高学历是：
   1）初中及以下　　2）高中　　　　　3）非师范类中专
   4）中师　　　　　5）师范类大专　　6）非师范类大专
   7）师范类本科　　8）非师范类本科　9）硕士
   10）其他（请说明）：_____
4. 您最高学历所学专业：
   1）英语专业　　　　　　　　2）非英语专业
5. 您如果不是英语专业的毕业生，是否接受过英语培训？多长时间？
   （英语专业毕业生跳至第 6 题。）
   1）从未接受过培训　　　　　2）累计 1–3 个月
   3）累计 4–6 个月　　　　　4）累计 7–9 个月
   5）累计 10 个月–1 年　　　6）1 年以上，请写明时间____
6. 您教初中英语的时间：
   1）不到 1 年　　2）1–5 年　　3）6–10 年　　4）11–15 年
   5）16–20 年　　6）21 年以上
7. 你所在的学校是
   1）民办中学　　2）民办公助中学　　　3）普通公立中学
   4）市一级公立中学 5）省一级公立中学
8. 您在生活和工作环境中与外国人用英语面对面交流吗？（如与学校

的外籍教师、外国朋友等）

　　1）从来没有　　2）很少　　3）有时　　4）经常　　5）很频繁

9.　您通过电子邮件或电话与外国人用英语交流吗？

　　1）从来没有　　2）很少　　3）有时　　4）经常　　5）很频繁

10.　您是否在英语为母语的国家（如英国、美国、澳大利亚等）学习或生活过？多长时间？

　　1）从来没有　　2）3个月以内　　3）6个月以内

　　4）9个月以内　　5）1年及1年以上

11.　您教初中二年级年级采用的材料包括：（**根据实际情况可多选**）

　　1）英语教材　　　　2）教材配套练习册

　　3）非教材配套的其他练习册　　4）课文录音　　5）英语报纸

　　（如英语周报或双语报）　　　　6）英语电影或片段

　　7）英语读物（如漫画、简写版的故事等）

　　8）其他材料，请注明＿＿＿＿＿

12.　您上课常用的教学工具是：（**根据实际情况可多选**）

　　1）黑板　　2）白板　　3）中英文单词卡片　　4）图片、图画等

　　5）与教学内容相关的实物　　6）录音机　　7）点读笔

　　8）光盘播放器　　9）多媒体（包括电脑、投影仪、PPT等）

　　10）自己制作或利用其他教学工具，请注明＿＿＿＿＿＿＿＿＿＿

13.　您教学中采用的评价包括：（**根据实际情况可多选**）

　　1）每课一测　　2）单元测验　　3）月考　　4）期中考试

　　5）区或市里的期末教学质量检测　　6）学生平时表现记录

　　7）其他，请注明＿＿＿＿＿＿＿＿＿

14.　区或市里的期末教学质量检测对您的教学

　　1）没有影响　　2）影响很小　　3）有一定影响

　　4）有较大影响　　5）影响很大

15.　中考对您的教学

　　1）没有影响　　2）影响很小　　3）有一定影响

　　4）有较大影响　　5）影响很大

16.　您的学生参加的所有评价和考试中，各种内容考查的频率如何？

	从不	很少	有时	经常	很频繁
1）词汇知识	1	2	3	4	5
2）语法知识	1	2	3	4	5
3）听	1	2	3	4	5

4）读　　　　　　　　1　　2　　3　　4　　5
5）说　　　　　　　　1　　2　　3　　4　　5
6）写　　　　　　　　1　　2　　3　　4　　5

第二部分

请在下面各项中选择适合您的选项，请点击该选项。例：

从不　很少　有时　经常　很频繁
　1　　　2　　　3　　　4　　　5

17. 英语课堂上各种活动的频率（包括早读时间）

	从不	很少	有时	经常	很频繁
1）老师带读或学生自行朗读单词和短语	1	2	3	4	5
2）就某个话题开展小组自由讨论	1	2	3	4	5
3）唱英语歌或朗读英语诗歌	1	2	3	4	5
4）朗读单词和造句时，说出或写出相应的汉语意思	1	2	3	4	5
5）学生操练英语时配上动作（如练习 "turn right" 时叫学生站起来向右转）	1	2	3	4	5
6）学生看图片或 PPT 说出英语单词或用英语表述看到的内容	1	2	3	4	5
7）观看英文电影或短片	1	2	3	4	5
8）老师讲解语法规则	1	2	3	4	5
9）学生做角色扮演来操练句型	1	2	3	4	5
10）听写单词和短语	1	2	3	4	5
11）师生或学生之间用英语对话，交换真实信息（如老师问学生周末做了什么，学生根据真实情况回答）	1	2	3	4	5

18. 各类家庭作业的频率

	从不	很少	有时	经常	很频繁
1）抄写并背单词和短语	1	2	3	4	5
2）听英语新闻或小故事	1	2	3	4	5
3）看英语电影或电视剧	1	2	3	4	5
4）做语法词汇练习题	1	2	3	4	5
5）抄写并背句子和课文	1	2	3	4	5
6）看课外英语故事或小短文	1	2	3	4	5

您同意下面各项说法吗?　　　　　完全不同意　一半同意　　同意
　　　　　　　　　　　　　　　　　完全不同意　一半不同意　同意

19. 在初中阶段学习英语，学生应该

1）学好基础词汇（如学习一个单词，发音与拼写都要准确无误）

　　　　　　　　　1　　　2　　　3　　　4　　　5

2）看或听简写版的英语故事或其他读物

　　　　　　　　　1　　　2　　　3　　　4　　　5

3）看到或听到所学过的单词、短语或句子时，马上可以用汉语准确说出其意思

　　　　　　　　　1　　　2　　　3　　　4　　　5

4）学好基本的语法知识　　　1　　　2　　　3　　　4　　　5
　　（如用到名词时，单复数的形式要用对）

5）运用学过的单词短语进行简单交流（如在街上碰到外国人时会用英语进行简单对话）

　　　　　　　　　1　　　2　　　3　　　4　　　5

6）观看英语电影或电视上较简单的英语节目

　　　　　　　　　1　　　2　　　3　　　4　　　5

20. 我教英语主要是为了学生将来

1）能达到相关要求，获得初中毕业文凭

　　　　　　　　　1　　　2　　　3　　　4　　　5

2）能通过各种英语考试找到好工作　　1　　　2　　　3　　　4　　　5

3）能到使用英语的国家留学或工作　　1　　　2　　　3　　　4　　　5

4）能在实际生活中运用英语　　　　　1　　　2　　　3　　　4　　　5
　　（如上网、看电视、读报纸等）

5）能在中考和高考英语中取得好成绩　1　　　2　　　3　　　4　　　5

6）能用英语通过各种渠道（如上网）与其他国家的人交流

　　　　　　　　　1　　　2　　　3　　　4　　　5

21. 区或市里的期末教学质量检测

1）所采用的题型我会专门给学生练习　1　　　2　　　3　　　4　　　5

2）可能考到的内容我会提醒学生注意　1　　　2　　　3　　　4　　　5

3）考试之前我会给学生进行有针对性的训练

　　　　　　　　　1　　　2　　　3　　　4　　　5

22. 中考

1）所采用的题型我会用到平时练习中　1　　　2　　　3　　　4　　　5

2）以往考到的内容我会提醒学生注意　　1　　2　　3　　4　　5
3）模拟题我会在教学中用到　　　　　　1　　2　　3　　4　　5

第三部分

23. 您对下面各项了解如何？

　　　　完全不知道　知道很少　有点了解　比较了解　非常了解
　　1）教育部开展了英语科的基础教育质量监测
　　　　　　　1　　　　2　　　　3　　　　4　　　　5
【此题如果选择 1（完全不知道），则不必回答下面的小题】

　　2）英语科监测试卷考查的内容　　1　　2　　3　　4　　5
　　3）英语科监测试卷采用的题型　　1　　2　　3　　4　　5

24. 您同意下面各项说法吗？　　　完全不同意　　一半同意　　　同意
　　　　　　　　　　　　　　　　　完全不同意　　一半不同意　　同意
　　1）有必要开展英语科的基础教育质量监测
　　　　　　　　　　　1　　2　　3　　4　　5
　　2）监测有助于改善教学　　　　1　　2　　3　　4　　5
　　3）监测会使学生和家长重视英语
　　　　　　　　　　　1　　2　　3　　4　　5

请您检查是否回答了所有问题！
多谢合作！

初中二年级英语教学情况（学生卷）

同学，你好！我们需要了解初中二年级英语教学情况，希望你能帮助我们填写此问卷。**请根据自己的真实想法和实际做法答题**，问卷谨作研究用途，**无需填写姓名**，不必有任何顾虑。多谢合作！

第一部分

请在下面的题项中选择适合你的选项，除非注明可以多选，每题只选一个选项，点击该选项，或根据要求填写有关情况。

1. 你的性别：
   1）男　　　　　　　　　　　2）女
2. 你所在学校是几年级开始有英语课的？
   1）小学一至三年级　2）小学四年级　3）小学五年级
   4）小学六年级　　　5）初中一年级
3. 你所在的学校是：
   1）民办中学　　　　　2）民办公助中学　3）普通公立中学
   4）市一级公立中学　5）省一级公立中学
4. 你在生活和学习环境中与外国人用英语面对面交流吗？（如与学校的外籍教师、外国朋友等）
   1）从来没有　　2）很少　　3）有时　　4）经常　　5）很频繁
5. 你通过电子邮件或电话与外国人用英语交流吗？
   1）从来没有　　2）很少　　3）有时　　4）经常　　5）很频繁
6. 你是否在说英语的国家（如英国、美国、澳大利亚等）学习、旅游或生活过吗？多长时间？
   1）从来没有　　2）3个月以内　　3）6个月以内
   4）9个月以内　5）1年及1年以上
7. 你的老师上课采用的材料包括：（**根据实际情况可多选**）
   1）英语教材　　2）教材配套练习册　　　3）非教材配套的其他练习册
   4）课文录音　　5）英语报纸（如英语周报）　　6）英语电影或片段
   7）英语读物（如漫画、简写版的故事等）
   8）其他材料，请注明＿＿＿＿＿＿
8. 你的老师上课常用的教学工具是：（**根据实际情况可多选**）
   1）黑板　　2）白板　　3）中英文单词卡片　　　4）图片、图画等

　　5）与教学内容相关的实物　　6）录音机　　7）点读笔

　　8）光盘播放器　　9）多媒体（包括电脑、投影仪、PPT等）

　　10）自己制作或利用其他教学工具，请注明 ＿＿＿＿＿＿＿＿＿＿＿＿

9. 你所接受的评价包括：（**根据实际情况可多选**）

　　1）每课一测　　2）单元测验　　3）月考　　4）期中考试

　　5）区或市里的期末教学质量检测 6）老师对学生平时表现记录

　　7）其他，请注明 ＿＿＿＿＿＿＿＿

10. 区或市里的期末教学质量检测对你的学习

　　1）没有影响　　2）影响很小　　3）有一定影响　　4）有较大影响

　　5）影响很大

11. 中考对你的学习

　　1）没有影响　　2）影响很小　　3）有一定影响　　4）有较大影响

　　5）影响很大

12. 你所参加的所有评价和考试中，各种内容考查的频率如何？

	从不	很少	有时	经常	很频繁
1）词汇知识	1	2	3	4	5
2）语法知识	1	2	3	4	5
3）听	1	2	3	4	5
4）读	1	2	3	4	5
5）说	1	2	3	4	5
6）写	1	2	3	4	5

第二部分

请在下面各项中选择适合你的选项，圈上该选项。例：

从不	很少	有时	经常	很频繁
1	2	3	4	5

13. 英语课堂上**各种活动的频率（包括早读时间）**

	从不	很少	有时	经常	很频繁
1）老师带读或学生自行朗读单词和短语	1	2	3	4	5
2）就某个话题开展小组自由讨论	1	2	3	4	5
3）唱英语歌或朗读英语诗歌	1	2	3	4	5
4）朗读单词和造句时，说出或写出相应的汉语意思	1	2	3	4	5

5）学生操练英语时配上动作　　　　1　2　3　4　5
（如练习"turn right"时叫学生站起来向右转）
6）学生看图片或 PPT 说出英语单词　1　2　3　4　5
　或用英语表述看到的内容
7）观看英文电影或短片　　　　　　1　2　3　4　5
8）老师讲解语法规则　　　　　　　1　2　3　4　5
9）学生做角色扮演来操练句型　　　1　2　3　4　5
10）听写单词和短语　　　　　　　　1　2　3　4　5
11）师生或学生之间用英语对话，交换真实信息
　　　　　　　　　　　　　　　　1　2　3　4　5
（如老师问学生周末做了什么，学生根据真实情况回答）

14．各类家庭作业的频率　　　　从不　很少　有时　经常　很频繁
1）抄写并背单词和短语　　　　　　1　2　3　4　5
2）听英语新闻或小故事　　　　　　1　2　3　4　5
3）看英语电影或电视剧　　　　　　1　2　3　4　5
4）做语法词汇练习题　　　　　　　1　2　3　4　5
5）抄写并背句子和课文　　　　　　1　2　3　4　5
6）看课外英语故事或小短文　　　　1　2　3　4　5

你同意下面各项说法吗？　　　　完全不同意　　一半同意　　　同意
　　　　　　　　　　　　　　　　完全不同意　　一半不同意　　同意

15．在初中阶段学习英语，我们应该
1）学好基础词汇（如学习一个单词，1　2　3　4　5
　发音与拼写都要准确无误）
2）看或听简写版的英语故事或其他读物　1　2　3　4　5
3）看到或听到所学过的单词、短语或句子时，马上可以用汉语准确
　说出其意思
　　　　　　　　　　　　　　　　1　2　3　4　5
4）学好基本的语法知识　　　　　　1　2　3　4　5
（如用到名词时，单复数的形式要用对）
5）运用学过的单词短语进行简单交流　1　2　3　4　5
（如在街上碰到外国人时会用英语进行简单对话）
6）观看英语电影或电视上较简单的英语节目
　　　　　　　　　　　　　　　　1　2　3　4　5

16.我学英语主要是为了将来

1）能达到相关要求，获得初中毕业文凭　1　2　3　4　5

2）能通过各种英语考试找到好工作　1　2　3　4　5

3）能到使用英语的国家留学或工作　1　2　3　4　5

4）能在实际生活中运用英语　1　2　3　4　5
　　（如上网、看电视、读报纸等）

5）能在中考和高考英语中取得好成绩　1　2　3　4　5

6）能用英语通过各种渠道（如上网）　1　2　3　4　5
　　与其他国家的人交流

17.区或市里的期末教学质量检测

1）所采用的题型老师会专门给我们练习　1　2　3　4　5

2）可能考到的内容老师会提醒我们注意　1　2　3　4　5

3）考试之前老师会给我们进行有针对性的训练

　　　　　　　　　　　　　　1　2　3　4　5

18.中考

1）所采用的题型老师会用到我们平时练习中

　　　　　　　　　　　　　　1　2　3　4　5

2）以往考到的内容老师会提醒我们注意　1　2　3　4　5

3）模拟题老师会给我们做　1　2　3　4　5

19.你对下面各项了解如何？

完全不知道　知道很少　有点了解　比较了解　非常了解

1）教育部开展了英语科的基础教育质量监测

　　　　1　　　　2　　　　3　　　　4　　　　5

【19.1）题如果选择 1（完全不知道），则不必回答
下面 5 道小题。如果选择其他选项，请继续答题。】

2）英语科监测试卷考查的内容　1　2　3　4　5

3）英语科监测试卷采用的题型　1　2　3　4　5

20.您同意下面各项说法吗？　　　　**完全不同意　一半同意　　同意**
　　　　　　　　　　　　　　　完全不同意　一半不同意　同意

1）有必要开展英语科的基础教育质量监测1　2　3　4　5

2）监测有助于改善我的学习　　　　1　2　3　4　5

3）监测会使我和我的家长重视英语　　1　2　3　4　5

请您检查是否回答了所有问题！

多谢合作！

附录 3 问卷数据收集的指令语

问卷 1 数据收集的指令语

"对英语科教学质量监测测试看法的问卷"操作流程（教师卷）

1）**教师填答监测问卷结束之后，待监测问卷全部收齐并装入原袋密封后，请教师暂时不要离场，在座位上等候。**

2）发放"对英语科教学质量监测测试看法的问卷"（教师卷），请教师独立填答，**无需填写姓名。**

3）收回问卷，放入"对英语科教学质量监测测试看法的问卷"袋，教师离场。

"对英语科教学质量监测测试看法的问卷"操作流程（学生卷）

1）**11：30 以后**，测试全部结束，**待测试卷全部收齐之后**，请测试生暂时不要离场，在座位上等候。

2）发放"对英语科教学质量监测测试看法的问卷"，请测试生独立填答，提醒他们写上姓名。

3）收回问卷，放入"对英语科教学质量监测测试看法的问卷"袋，测试生离场。

问卷 2 数据收集的指令语（学生卷）

老师，您好！我们需要了解初二英语教学总体情况，请帮忙组织学生填写问卷"初中二年级英语教学状况（学生卷）"。要求学生按照**实际情况和他们的真实想法答题**，并告诉他们问卷仅作研究用途，**无需填写姓名**，不必有任何顾虑。

非常感谢您的大力支持！

注意事项

1. 请组织问卷填写的老师事先阅读问卷，不清楚之处请打电话询问王老师（13533426573）。

2. 学生在课室集中填写问卷。问卷不得带出课室。

3. 老师发放问卷后，记下发出分数，写在存放问卷的大信封上，或写在第一份问卷第一页的空白处。

4. 要求学生首先仔细阅读第一页第一段和各部分的指令语，再开始填写问卷。

5. 请老师告诉学生您校属于哪一类学校，以便学生正确回答问卷第一页的第 3 小题。

6. 学生如果有其他不明白之处，请老师解释。**但请老师避免引导学生选填任何选项**（上述第 3 小题除外），**问卷填写应该由学生独立完成。**

7. 问卷填写**时间不限**。

8. 填写完成后，请老师收回全部问卷并点数。收回份数请写在发出份数下面（见上面第 3 项）。

附录 4　课堂观察记录表

时间：　　　学校：　　　任课老师与班级：　　　课型：　　　班级规模：

时间	材料（教材教辅课堂辅助器材）	课堂活动	评论与其他特别之处

记录人：

附录 5　WinMax 赋码举例

访谈数据分析软件 WinMax 界面

附录 6 课堂观察数据分析框架表

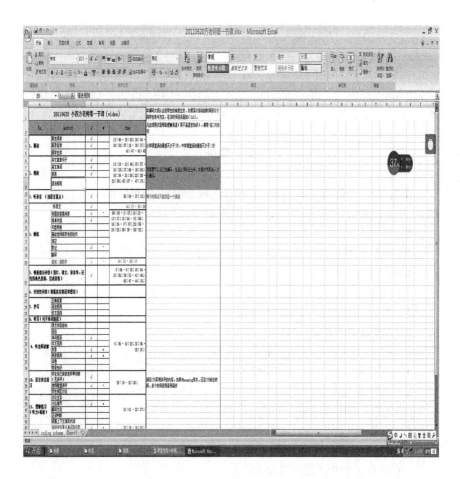

附录 7　问卷 2 的修改版

小学四年级英语教学情况（教师卷）

老师，您好！我们需要了解小学四年级英语教学情况，希望您能帮助我们填写此问卷。**请根据自己的真实想法和实际做法答题**，问卷仅作研究用途，**无需填写姓名**，不必有任何顾虑。多谢合作！

第一部分

请在下面的题项中选择适合您的选项，除非注明可以多选，否则每题只选一个选项。请点击该选项，或根据要求填写相关情况。

1. 您的性别：
   1）男　　　　　　　　　　　2）女

2. 您的年龄：
   1）25 岁以下　　2）25–34　　3）35–44
   4）45–54　　5）55–60

3. 您的最高学历是：
   1）初中及以下　　2）高中　　3）非师范类中专　　4）中师
   5）师范类大专　　6）非师范类大专　　7）师范类本科
   8）非师范类本科　9）硕士　　10）其他（请注明）：＿＿＿＿＿

4. 您最高学历所学专业：
   1）英语专业　　2）非英语专业

5. 您如果不是英语专业的毕业生，是否接受过英语培训？多长时间？（英语专业毕业生跳至第 6 题。）
   1）从未接受过培训　2）累计 1–3 个月　3）累计 4–6 个月
   4）累计 7–9 个月　　5）累计 10 个月–1 年
   6）1 年以上，请写明时间＿＿＿＿＿

6. 您教小学英语的时间：
   1）不到 1 年　　2）1–5 年　　3）6–10 年　　4）11–15 年
   5）16–20 年　　6）21 年以上

7. 你所在的学校是
   1）民办小学　　2）民办公助小学　　3）普通公立小学
   4）市一级公立小学　　5）省一级公立小学

11. 您教小学四年级采用的材料包括：（**根据实际情况可多选**）
    1）英语教材　　2）教材配套练习册　　3）非教材配套的其他练习册
    4）教材录音　　5）英语报纸（如英语周报）　　6）英语动画片片段
    7）少儿英语读物（如漫画、简写版的童话故事等）
    8）其他材料，请注明＿＿＿＿＿＿

12. 您上课常用的教学工具是：（**根据实际情况可多选**）
    1）黑板　　2）白板　　3）中英文单词卡片　　4）图片、图画等
    5）与教学内容相关的实物　　6）录音机　　7）点读笔
    8）光盘播放器　　9）多媒体（包括电脑、投影仪、PPT等）
    10）自己制作或利用其他教学工具，请注明＿＿＿＿＿＿＿＿＿＿

13. 您教学中采用的评价包括：（**根据实际情况可多选**）
    1）单元测验　　2）月考　　3）期中考试
    4）区或市里组织的英语抽测　　6）学生平时表现记录
    7）其他，请注明＿＿＿＿＿＿＿＿＿

第二部分

请在下面各项中选择适合您的选项，请点击该选项。例：
从不　很少　有时　经常　很频繁
　1　　2　　3　　4　　　5

16. 英语课堂上各种活动的频率（包括早读和部分午休时间）

　　　　　　　　　　　　　　　　　　从不　很少　有时　经常　很频繁
1）老师带读或学生自行朗读单词和短语
　　　　　　　　　　　　　　　　　1　　2　　3　　4　　5
2）就某个话题开展小组自由讨论　　1　　2　　3　　4　　5
3）唱英语歌或朗读英语顺口溜和童谣　1　　2　　3　　4　　5
4）朗读单词和造句时，说出或写出相应的汉语意思
　　　　　　　　　　　　　　　　　1　　2　　3　　4　　5
5）学生操练英语时配上动作　　　　1　　2　　3　　4　　5
　　（如练习"turn right"时叫学生站起来向右转）
6）学生看图片或PPT说出英语单词　1　　2　　3　　4　　5
　　或用英语表述看到的内容
7）观看英文电影或动画片片断　　　1　　2　　3　　4　　5
8）老师讲解语法规则　　　　　　　1　　2　　3　　4　　5

9）学生做角色扮演来操练句型　　　　1　　2　　3　　4　　5
10）听写单词和短语　　　　　　　　　1　　2　　3　　4　　5
11）师生或学生之间用英语对话，交换真实信息

　　　　　　　　　　　　　　　　　　　1　　2　　3　　4　　5

　　（如老师问学生周末做了什么，学生根据真实情况回答）

17. 各类家庭作业的频率　　　　　　从不　很少　有时　经常　很频繁

1）抄写并背单词和短语　　　　　　　1　　2　　3　　4　　5
2）听英语对话或小故事　　　　　　　1　　2　　3　　4　　5
3）看英语动画片　　　　　　　　　　1　　2　　3　　4　　5
4）做语法词汇练习题　　　　　　　　1　　2　　3　　4　　5
5）抄写并背句子和课文　　　　　　　1　　2　　3　　4　　5
6）看课外英语故事或小短文　　　　　1　　2　　3　　4　　5

15. 您的学生参加的所有评价和考试中，各种内容考查的频率如何？

　　　　　　　　　　　　从不　　很少　　有时　　经常　　很频繁

1）词汇知识　　　　　　1　　　2　　　3　　　4　　　5
2）语法知识　　　　　　1　　　2　　　3　　　4　　　5
3）听　　　　　　　　　1　　　2　　　3　　　4　　　5
4）读　　　　　　　　　1　　　2　　　3　　　4　　　5
5）说　　　　　　　　　1　　　2　　　3　　　4　　　5
6）写　　　　　　　　　1　　　2　　　3　　　4　　　5

14. 区或市里组织的英语抽测对您的教学

没有影响　　影响很小　　有一定影响　　有较大影响　　影响很大
　　1　　　　　2　　　　　　3　　　　　　　4　　　　　　5

您同意下面各项说法吗？　　　　　　完全不同意　一半同意　　同意
　　　　　　　　　　　　　　　　　　完全不同意　一半不同意　同意

18. 在小学阶段学习英语，学生应该

1）学好基础词汇（如学习一个单词，发音与拼写都要准确无误）

　　　　　　　　　　　　　　　　　1　　2　　3　　4　　5

2）看或听简写版的英语故事或其他读物

　　　　　　　　　　　　　　　　　1　　2　　3　　4　　5

3）看到或听到所学过的单词、短语或句子时，马上可以用汉语准确
　　说出其意思

　　　　　　　　　　　　　　　　　1　　2　　3　　4　　5

4）学好基本的语法知识　　　　　　1　　2　　3　　4　　5
　　（如用到名词时，单复数的形式要用对）
5）运用学过的单词短语进行简单交流
　　　　　　　　　　　　　　　1　　2　　3　　4　　5

　　（如在街上碰到外国人时会用英语打招呼和道别）
6）观看英语动画片或电视上较简单的英语节目
　　　　　　　　　　　　　　　1　　2　　3　　4　　5

19. 我教英语主要是为了学生将来
1）能达到相关要求，获得初中毕业文凭
　　　　　　　　　　　　　　　1　　2　　3　　4　　5
2）能通过各种英语考试找到好工作　1　　2　　3　　4　　5
3）能到使用英语的国家留学或工作　1　　2　　3　　4　　5
4）能在实际生活中运用英语　　　　1　　2　　3　　4　　5
　　（如上网、看电视、读报纸等）
5）能在中考和高考英语中取得好成绩
　　　　　　　　　　　　　　　1　　2　　3　　4　　5
6）能用英语通过各种渠道　　　　　1　　2　　3　　4　　5
　　（如上网）与其他国家的人交流

20. 区或市里组织的英语抽测
1）所采用的题型我会专门给学生练习
2）可能考到的内容我会提醒学生注意
3）考试之前我会给学生进行有针对性的训练

第三部分

21. 您对下面各项了解如何?
完全不知道　知道很少　有点了解　比较了解　非常了解
1）教育部开展了英语科的基础教育质量监测
　　　　　　1　　　　2　　　　3　　　　4　　　　5
【此题如果选择 1（完全不知道），则不必回答下面的小题】

2）英语科监测试卷考查的内容　　　1　　2　　3　　4　　5
3）英语科监测试卷采用的题型　　　1　　2　　3　　4　　5

22. 您同意下面各项说法吗？　　　　　　完全不同意　一半同意　　同意
　　　　　　　　　　　　　　　　　　　　完全不同意　一半不同意　同意

　1）有必要开展英语科的基础教育质量监测

　　　　　　　　　　　　　　　　　　　1　　2　　3　　4　　5
　2）监测有助于改善教学　　　　　　　　1　　2　　3　　4　　5
　3）监测会使学生和家长重视英语　　　　1　　2　　3　　4　　5

请您检查是否回答了所有问题！
多谢合作！

修改条目及理由：

1.　删除原 8、9、10 三个问及教师英语实际使用的条目，因为此项信息
　　对本研究不重要。
2.　第 3 题删除原选项 1），因为本课题结果发现很少学校实施每一课测
　　试，而且意思表达不清，与单元测验重叠。
3.　第 14 和 15 题原来在第一部分，移至第二部分，因为两题均用 5 级
　　量表，与其他也用 5 级量表的题项放在一起，便于答题。